云南史话

世居少数民族系列

云南省社会科学界联合会 组编

"云南史话·世居少数民族系列"
编委会

主　任	张瑞才			
副主任	邹文红			
委　员	王文光	王峥嵘	刘　军	李保欣
	李晓斌	孙峥嵘	杨五青	杨远梅
	杨绍军	杨敬东	吴丽萍	肖才志
	张富春	周智生	和文平	岳石林
	周　霏	侯行辉	祝培荣	赵燕琴
	袁国友	钱彦富	龚志龙	谢青松
	游启道			

傈僳族史话

斯陆益 左玉堂 编著

云南人民出版社

图书在版编目（CIP）数据

傈僳族史话 / 斯陆益，左玉堂编著．— 昆明：云南人民出版社，2024.5
（云南史话．世居少数民族系列）
ISBN 978-7-222-22744-6

Ⅰ．①傈… Ⅱ．①斯…②左… Ⅲ．①傈僳族 - 民族历史 - 云南 Ⅳ．① K285.6

中国国家版本馆 CIP 数据核字（2024）第 080944 号

责任编辑：欧　燕
责任校对：董　毅
责任印制：代隆参
装帧设计：郑　治

傈僳族史话
LISUZU SHIHUA

斯陆益　左玉堂　编著

出　　版	云南人民出版社
发　　行	云南人民出版社
社　　址	昆明市环城西路 609 号
邮　　编	650034
网　　址	www.ynpph.com.cn
E-mail	ynrms@sina.com
开　　本	720mm×1010mm　1/32
印　　张	6.75
字　　数	98 千
版　　次	2024 年 5 月第 1 版第 1 次印刷
印　　刷	云南速盈印刷有限公司
书　　号	ISBN 978-7-222-22744-6
定　　价	38.00 元

如需购买图书、反馈意见，请与我社联系
总编室：0871-64109126　　发行部：0871-64108507
审校部：0871-64164626　　印制部：0871-64191534

版权所有　侵权必究　印装差错　负责调换

云南人民出版社微信公众号

总　序

七彩云南，气象万千。

这里东连黔桂，西邻缅甸，北靠川渝，南接越南、老挝，是祖国大陆通往南亚东南亚、出印度洋的枢纽和大通道。特殊的地理环境，悠久的历史，孕育了云南深厚的文化底蕴，创造了丰富多彩的灿烂文化，让云南成为中华文化同南亚次大陆文化、东南亚文化交汇的区域，是文化交汇、融合、多样性的现代范本。

这里山川纵横。横断山、哀牢山、无量山、云岭、乌蒙山等山系支撑起祖国西南辽阔的天空。这里碧水荡漾。滇池、洱海、抚仙湖、程海、泸沽湖、杞麓湖、异龙湖、星云湖、阳宗海等湖泊，像一颗颗璀璨的明珠，镶嵌在云南高原上。这里江河澎湃。金沙江、澜沧江、怒江、红河、珠江、伊洛瓦底江等六大水系连通各民族共同的家园。这里是植物王国、动物王国、有色金属王国；这里气候温和、四季如春，是世界花园。

这里历史悠久。元谋人从距今约170万年前的远古走来。战国中晚期，庄𫏋入滇，第一次连接了楚文化与滇文化。秦开五尺道、汉习楼船，云南正式纳入祖国版图。唐宋时期，南诏、大理国文化彪炳史册。元初正式建立行省。明清时期，云南经济社会得到长足发展。20世纪初，云南各族人民打响了护国起义第一枪，巩固了辛亥革命成果。在抗日战争中，几十万云南各族儿女征战沙场，扬我国威。西南联合大学谱写了世界教育史上的奇迹。

在这片红土地上，传承着红色文化基因，走出了王复生、王德三等早期马克思主义播种者，走出了无产阶级军事家罗炳辉，中华人民共和国国歌的作曲者聂耳，马克思主义大众化的中国第一人、中国共产党思想理论战线上的忠诚战士和学者艾思奇。20世纪30年代，毛泽东率领中国工农红军长征过云南，播下了革命火种。20世纪40年代后期，中国共产党领导下的滇桂黔边纵队与中国人民解放军，在极端艰难困苦的条件下英勇作战，迎来了新中国的诞生！

这一切，催生了云南一系列独具特色的历史文化：史前文化、古滇文化、哀牢文化、爨文化、南诏文化、移民文化、护国文化、抗战文化、西南联大文化、红色文化，等等。

这里是民族文化的富集区、民族文化多样性的活态博物馆。25个世居少数民族中有15个特有少数民族。民族文化丰富多彩、博大精深、底蕴深厚、特色鲜明，如彝族的毕摩文化，汉传、藏传、南传佛教文化，傣族的贝叶文化，纳西族的东巴文化，哈尼族的梯田文化等，还有各具特色的丧葬、婚姻、服饰、建筑、节日、歌舞、生态等文化形态。此外，还有各民族长期以来相互交融、相互学习、共同发展而产生的综合性文化，如茶文化、医药文化、烟草文化、驿道文化、青铜文化、石刻文化等，异彩纷呈，不胜枚举。

云南各民族的优秀文化是中华文化的重要组

成部分，是中华文化的瑰宝，是中华民族文化大花园中的奇葩。在长期的发展演变中，在红土高原上，云南形成了独具特色的历史文化、地域文化、民族文化，其突出特点是多样形态、多元一体、和谐共生。

在经济全球化、文化经济化、经济文化一体化的今天，文化既是社会生活方式，又是一种社会生产力，更是各民族共同的精神家园。在中国特色社会主义进入新时代的历史条件下，要深刻认识文化的作用，把精神的力量转化为物质的力量，把文化的软实力转化为高质量发展的硬实力。

习近平总书记指出："我们要坚持道路自信、理论自信、制度自信，最根本的还有一个文化自信。""要坚定文化自信，推动社会主义文化繁荣兴盛。""没有高度的文化自信，没有文化的繁荣兴盛，就没有中华民族伟大复兴。要坚持中国特色社会主义文化发展道路，激发全民族文化创新创造活力，建设社会主义文化强国。"这是党中央赋予我们这一代哲学社会科学工作者的历史使命。我们要承担起新时代的这一历史使命，就必须在新的实践基础上，坚持以社会主义核心价值观引领文化建设制度，推动文化的创新发展；必须深入挖掘传统文化资源，从中汲取历史智慧，引导云南各族人民树立正确的历史观、民族观、国家观、文化观，推动传统文化创造性转化、创新性发展；还必须为各族人民提供丰富的精神食粮，不断满足人民对美好文化生活的新期待。

云南省社科联为贯彻落实党中央关于繁荣发展哲学社会科学的重要部署，传承弘扬云南优秀传统文化，坚定各族干部群众的文化自信，决定组织全省有关专家学者编撰出版"云南史话"系列丛书，包括地方系列、世居少数民族系列、特色县市系列、民族文化艺术系列、重大历史事件系列等5个部分，每套丛书有20种，共计100种。这是一项规模宏大的系统工程，计划用5年左右时间完成。通过本套丛书，我们将深入挖掘云南宝贵的文化资源，认真梳理云南文化发展脉络，总结云南文化发展的特点及其规律，讲好云南文化故事，把云南历史讲明白，把云南文化讲精彩，把云南文明讲透彻，把云南经验讲深刻，使云南各族人民能够从历史中汲取智慧,从文化中获得自信,从文明中得到滋养,从经验中得到启迪,进一步增强文化自觉、坚定文化自信,正确认识和把握云南在全国发展大局中的地位和作用,立足新发展阶段,贯彻新发展理念,构建新发展格局,开创云南高质量发展的新局面,不断把习近平总书记为我们擘画的蓝图一步步变为美好现实,谱写好中国梦的云南篇章。

是为序。

云南省社科联党组书记、主席　张瑞才

2021年2月

前　言

中国是一个统一的多民族的社会主义国家。勤劳、勇敢的傈僳族人民是中国 56 个民族大家庭中的一个成员。

傈僳族有着悠久的历史文化底蕴和丰厚的民族传统文化。

在长期的历史发展过程中，富于智慧的傈僳族人民创造了自己民族的光辉历史，创造了自己民族的灿烂文化。

傈僳族是一个爱国的民族、爱民族的民族。历史上，傈僳族人民曾英勇顽强地抗击英帝国主义、日本帝国主义的野蛮侵犯。同时，千百年来，傈僳族人民以坚韧不拔的意志、大无畏的精神，为保卫祖国西南边疆、维护国家统一、主权和领土完整，各民族的和谐、团结、进步做出了重要的贡献。

为了介绍傈僳族社会历史、政治、经济、文化、生态等方面相关知识,在怒江傈僳族自治州社会科学联合委员会的具体指导下,我们编写了《傈僳族史话》。

我们设想,本书从各个层面、各个角度简明扼要地概括、勾勒和描述傈僳族悠久的历史文化。因此,《傈僳族史话》分傈僳族地理、族源族称、光辉的历史、生产生活习性与信仰风俗、自然历法与节庆节日、语言文字、文学艺术、社会主义时期的傈僳族等8章,企求全方位展示傈僳族历史文化概貌。

傈僳族是云南少数民族中分布比较广的一个民族。怒江傈僳族自治州泸水、福贡、贡山、兰坪4县是傈僳族最大的聚居区,亦是傈僳族聚居中心。自治州的历史文化具有典型性、代表性。因此,《傈僳族史话》,采用以点代面、点面结合的编写方法,主要概述怒江州傈僳族社会历史文化及其他事业。同时,也尽量概述小聚居区的傈僳族的社会历史文化,企望具有代表性、全面性。

前 言

　　傈僳族民间文学,是傈僳族文学的主体。傈僳族民间文学艺术丰富而极富民族特色,是傈僳族先民传承下的一笔珍贵的文化遗产。有鉴于此,我们在文学艺术一章里,比较全面、系统地概述了民间文学艺术。

　　在编写过程中,我们以学术性、知识性、趣味性、资料性有机地融合成一体为编写原则,而描述力求简明、准确,以规范化的汉语予以表述,并适当采用业已约定俗成的民族语音译之说。

目　录

第一章　傈僳族地理/1

　　傈僳族聚居区人文地理/1

　　傈僳族聚居区自然地理/4

第二章　族源族称/14

　　族源与创世传/14

　　族　称/21

第三章　光辉的历史/25

　　唐代以来的社会概况/25

　　反抗封建统治的起义/28

　　历史上几次大迁徙/41

　　奋勇抵抗外来侵略/46

第四章　生产生活习性与信仰风俗/54

　　生产习性/54

　　生活习性/80

信仰风俗/89

第五章　自然历法与节庆节日/101
　　自然历法/101
　　节庆节日/103

第六章　语言文字/116
　　语　言/116
　　文　字/117

第七章　文学艺术/122
　　民间文学/122
　　作家文学/147
　　艺　术/166

第八章　社会主义时期的傈僳族/188
　　中华人民共和国成立以来跨世纪发展/188
　　党的十八大以来跨越发展/191

参考文献/197

后　记/199

第一章 傈僳族地理

傈僳族聚居区人文地理

一、历史地理

怒江傈僳族自治州,是傈僳族聚居中心,位于云南省的西北部。怒江州北接西藏自治区察隅县,东连迪庆藏族自治州的德钦县、维西县和大理白族自治州的剑川县、云龙县,南为保山市、腾冲市,西与缅甸为邻。

傈僳族有着悠久的历史。从古代的民族地理分布来考察,西汉以前,北纬24°—29°、东经100°—106°的广大地区,以滇池为中心,主要居住着属于彝语支的"靡、莫之属"和"劳浸""嶲""昆明"等数十个部落,傈僳族先民是即其中的一个集团。①

1—3世纪,傈僳族、彝族的先民叟、嶲、濮等聚居于越巂、犍为、台登、邛都、定筰等广大地区。

在3世纪(三国时期),傈僳族先民"筰夷"部落集团居住于蜀国管辖下的定筰县(今四川盐边一带),尚未形成一个稳定强大的部落集团。

在8世纪(即唐时期),傈僳族先民为"乌蛮"集团的一支。在这一时期,傈僳族已独立发展成为单一民族,"栗粟"这一族称出现在汉文史册上。

明嘉靖二十七年至二十八年(1548—1549年),傈僳族荞氏族首领木必(也称括木必扒,即荞氏族的首领)率领其氏族、部落,从金沙江到澜沧江,翻越碧罗雪山,进入怒江两岸。这是傈僳族历史上第一次民族大迁徙。19世纪以来,傈僳族又经历了三次民族大迁徙:第一次是清嘉庆八年(1803年)的大迁徙,第二次是清道光元年(1821年)的大迁徙,第三次是清光绪二十年(1894

---

① 《傈僳族简史》编写组编:《傈僳族简史》,云南人民出版社1983年版,第9页。

年)的大迁徙。这样,傈僳族成为怒江区域人口最多的民族,其所聚居的地方也就成为傈僳族最大的民族聚居区。

二、人口地理

傈僳族主要分布于云南省西北部怒江傈僳族自治州的泸水、福贡、贡山、兰坪等四县市,其余分布在云南省丽江市的永胜、玉龙、华坪、宁蒗等四县,迪庆藏族自治州的维西、德钦、香格里拉等三县市,德宏傣族景颇族自治州的陇川、芒市、盈江、梁河、瑞丽等五县市,保山市的腾冲、龙陵、昌宁等三县市,楚雄彝族自治州的武定县,昆明市的禄劝县,大理白族自治州的大理、云龙、漾濞、宾川、祥云、南涧、巍山、永平等八县市,临沧市的临翔、云县、耿马等三县市,以及四川凉山彝族自治州的西昌、德昌、会东、会理、盐源、木里等六县市和攀枝花市的盐边、米易等二县市,呈"大分散、小集中"的分布特点。大部分分散区多与汉族、彝族、纳西族、白族等民族交错杂居,小集中区则多按原来的氏族或家族血缘关系,由几个氏族或家族组成小块村寨。

三、文化地理

前些年,怒江州进行文物普查,在州内各县发现大量新石器晚期的石器、战国时期的青铜等出土文物,在兰坪、福贡发现古人类遗址。云南省有关部门发现,早在三四千年以前,怒江州境内就有了人类活动的痕迹。考古证明,这里具有悠久的历史。

历史上,傈僳族历经劫难而百折不挠。他们分批迁入怒江区域以后,面临复杂环境的严峻挑战而从未退缩。长久以来,勤劳、勇敢、智慧的傈僳族人民自强不息,创造了自己灿烂的文化,成为他们宝贵的精神财富。

傈僳族的文化源远流长。傈僳族人民不断弘扬民族文化,开创民族未来。

傈僳族聚居区自然地理

一、自然景观

金沙江、澜沧江、怒江"三江并流",从北朝南纵贯;云岭、碧罗雪山、高黎贡山"三山耸峙",由北向南延伸,连绵起伏,巍峨雄伟,形成驰誉中外的天造奇观——滇西纵谷。

中国统一的多民族大家庭中的一员——傈僳族,就世代居住在以怒江峡谷为中心的滇西纵谷。

怒江西岸是海拔达到4649米的高黎贡山,东岸是气势磅礴的碧罗雪山。千里怒江自青藏高原湍急奔腾而下,穿流两山之间,纵贯怒江州的贡山、福贡、泸水等三县市,形成以奇雄、壮美、险绝而著称于世的怒江大峡谷——东方大峡谷。峡谷两岸崇山峻岭,林木深茂,莽莽苍苍,气象万千。

(一)山　脉

怒江州境内的主要山脉有高黎贡山山脉、碧罗雪山山脉、云岭山脉、担当力卡山山脉。

高黎贡山山脉,由西藏延伸至怒江州,山高岭窄,山势十分险峻。在滇藏交界处的楚鹿腊卡峰,海拔达4649米。从楚鹿腊卡向南,山势逐渐平缓,到泸水市的吴中山,海拔降到了4000米以内;进入保山地区以后,海拔降至3000米以内。

碧罗雪山山脉，又称怒山山脉，也是从西藏境内延伸至怒江州的主要山脉之一。碧罗雪山山脉的海拔比高黎贡山高。在怒江州贡山、福贡、泸水境内，海拔4000米以上的山峰有20余座。但进入泸水市境内以后，山峰海拔降至3500米左右。再向南伸延，便逐渐平缓开阔。碧罗雪山山脉纵贯怒江州全境，山势陡峭巍峨。每当冬春季节，山巅冰雪覆盖，与高黎贡山上的积雪相互辉映，活似一对银龙竞舞飞驰，景色极为壮观。

云岭山脉，位于怒江州东部的兰坪县境内，其支脉有雪邦山、羊鼻子山等。云岭山脉的主峰老君山，其海拔为4247米，苍莽雄伟，耸峙于玉龙、剑川、兰坪三县中间。雪邦山，为滇西北各族人民到啦鸡井贩运食盐必经的大山，因而又名"盐路山"。其主峰海拔为4290米，为剑川县上兰坝、马登坝与兰坪县金顶坝的分界山。在兰坪县的通甸河、沘江与澜沧江之间，云岭山脉各支脉纵横绵延，郁郁苍苍，为兰坪县的主要林区。其中，海拔3000米以上的山峰，有八宝山、独山、白狗山、秦归山、雪门坎、白雪山、石坪山等20余座，加上其山脉的山峰，形成了怒江州东部境内群峰峥峥、连绵起伏、巍峨雄壮的广阔山域。

担当力卡山山脉，位于怒江州西部独龙江的西面，在怒江州境内的最高峰为4969米，其分水岭为中、缅两国的北部边界线。

（二）河　流

怒江州境内的主要河流，有怒江、澜沧江、独龙江。在水系上，分为怒江、澜沧江、伊洛瓦底江三大水系。

怒江，发源于唐古拉山南麓，藏语称"那曲"，经西藏于贡山县青拉桶流入怒江州，奔腾于高黎贡山、碧罗雪山之间，纵贯贡山、福贡、泸水三县市。在怒江州内的流程为316千米，流域为7906平方千米，其支流短小，呈羽状排列，为高黎贡山和碧罗雪山的融雪溪流。较大的支流有迪麻洛河、普拉河、木克基河、亚坪河、紫楞河、匹河、都堵罗河、老窝河等50余条。怒江的江面宽度一般在100米左右，江底多礁石，发洪期与枯水期水位相差5米左右。在怒江州境内，北部最高海拔为1400米，向南逐渐下降，最低点为760米，每千米平均落差为2米。与高黎贡山和碧罗雪山的高差，一般在3000米以上，形成了山高、谷深、坡陡、水急的巨大峡谷，为中国最大的纵谷之一。

澜沧江，发源于唐古拉山东北麓，从西藏进入云南后，经迪庆藏族自治州的德钦县、维西县，从维登流进怒江州兰坪县境内，奔腾于碧罗雪山和云岭山之间，于兔峨流向大理白族自治州。其在怒江州境内的流程为130千米，流域为4317平方千米。澜沧江较大的支流有通甸河、沘江、基独河、德庆河、木瓜邑河、拉古甸河等20余条。澜沧江的江面、河床、洪峰线等，与怒江相近。怒江州境内的最高海拔为1557米，最低海拔为1373米，每千米平均落差为14米。与东面的云岭山和西面的碧罗雪山的高差在2000—2500米之间，形成怒江州的第二个峡谷区域。

独龙江，发源于西藏察隅县，从迪布里地方

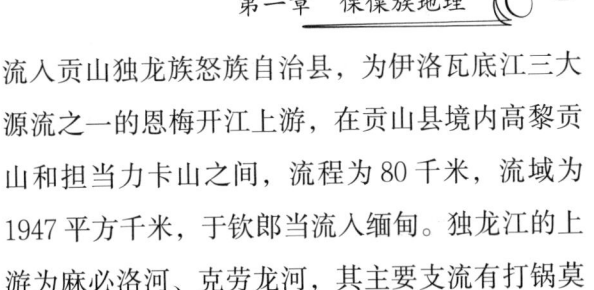

流入贡山独龙族怒族自治县，为伊洛瓦底江三大源流之一的恩梅开江上游，在贡山县境内高黎贡山和担当力卡山之间，流程为80千米，流域为1947平方千米，于钦郎当流入缅甸。独龙江的上游为麻必洛河、克劳龙河，其主要支流有打锅莫洛河、担当洛河、达塞洛河、莫嘎洛河、嘎木林河、接壤河等，形成怒江州的第三个峡谷区域。同属于伊洛瓦底江水系的，还有泸水市片古岗境内的片马河、古浪河、岗房河，出境后注入缅甸境内的糯千卡河，再汇入伊洛瓦底江。[①]

（三）湖　泊

怒江州境内的主要湖泊有泸水市高黎贡山的听命湖，福贡县碧罗雪山的干地依比湖、恩热依比湖、念皮依比湖、瓦着低湖等。这些高山湖泊清澈幽静，是因长年冰蚀所形成的许多大小不等的"迷人湖泊"。湖岸原始森林密布，珍禽异兽繁

---

① 《怒江傈僳族自治州概况》编写组编：《怒江傈僳族自治州概况》，云南民族出版社1986年版，第2—4页。

多，古木参天，松萝满树，幽中显古，蔚为壮观。①

怒江州具有14703平方千米的锦绣山河、独特的民族文化，令人向往。

二、自然资源

（一）动植物资源

怒江河谷和山巅相差3000米，复杂的地形地势和悬殊的海拔高差，孕育了怒江流域"十里不同天地，一山大千世界"的立体气候，从江边河谷到高山顶峰，有亚热带、温带和寒带多层气候带。当江边河谷地带桃花艳艳、春意盎然的时候，高山地带仍寒风凛冽，大雪封山；而山腰地带，则终年气候温和。这种热、温、寒三者并存的独特的自然环境，为各种动物的繁衍生息和植物的茂盛生长提供了得天独厚的条件，使当地成为天然的动植物宝库，享有"动物王国""植物王国"之美誉。

据有关资料记载，怒江州境内已知的野生动

---

① 赵鉴新、张秀鹏、盖兴之编著：《峡谷风情录》，民族出版社1990年版，第5页。

第一章　傈僳族地理

物有488种（其中有兽类128种、鸟类284种，其他种类有76种），国家保护动物61种。珍稀兽种有野牛、羚羊、小熊猫、小灵猫、孟加拉虎、金钱豹、戴帽叶猴、赤斑羚、大鼯鼠、斑羚、滇金丝猴、獭等，珍稀禽鸟有灰腹角雉、红腹角雉、赤颈鹤、金鹇、锦鸡、白鹇、绿孔雀、相思鸟、太阳鸟等。蜚声国内外的滇金丝猴的繁衍栖息地——"萨玛阁"①，也位于维西傈僳族聚居区。这里是地质史上动物的避难所、物种的分化中心。

在怒江峡谷两岸郁郁葱葱的林海中，主要的树种有铁杉、云杉、冷松，珍稀名贵的树种有红豆杉、三尖杉、榧木、香柏、台湾杉、珙桐、黄杉、树蕨、红椿、花楸、楠木、紫檀、香樟，经济林木有油桐、漆树、核桃、板栗、木柿、紫胶寄生树等。

其中，可供利用的经济植物达三四百种；被

---

① 萨玛阁：傈僳语，地名，意为"最高最好的牧场"。

保护的兽类有78种，被重点保护的兽类有27种，被重点保护的鸟类有13种。

由于栖息和生长在这里的动物、植物十分名贵，政府在这里建立起了"怒江自然保护区"。这是迄今云南省最大的自然保护区。这个自然保护区内的动物区系的丰富复杂和特有成分，为其他自然保护区所罕见。[①]

（二）矿产资源

怒江州的矿产资源相当丰富。据初步勘查，主要的有色金属矿和稀金属矿，有铅、锌、银、铜、铁、锡、金、钨、铍、汞、钼、铂、镍、锑矿等；非金属矿产，有盐、煤、云母、水晶、绿柱石、玉石、大理石、金刚、石膏、石棉等。其中，仅铅、锌金属的储量就达1400多万吨。有关部门已决定尽快把这一矿带建成我国一个重要的有色金属基地。

（三）水能资源

怒江州的水能资源特别丰富。怒江、澜沧江、

---

① 左玉堂编著：《傈僳族文学简史》，云南民族出版社2014年版，第3—4页。

独龙江三条大江纵贯全州,在三条大江的两侧,又有183条大小支流,从几座主山脉中倾泻而下,地势险陡,江河天然落差相当大,加之雨水充沛,地表径流总量也大,因而水力资源特别丰富。据有关资料,全州水能资源总蕴藏量为2000多万千瓦,占云南省总蕴藏量的116%;可开发的水能资源装机容量为1774万千瓦,年发电量为8509亿千瓦时,占云南省可开发水能资源的19%,是构建怒江国家级大型水电基地的重要支撑条件。此外,183条支流中可开发的中小水电装机容量达103万千瓦,是怒江州实现水电大州和矿电经济强州的能源保障。这是得天独厚的自然优势。[1]

---

[1] 怒江州地方志编纂委员会办公室编:《怒江傈僳族自治州年鉴》,云南民族出版社2013年版,第35页。

第二章 族源族称

族源与创世传

一、族　源

关于傈僳族族源问题，在20世纪50年代初期，国内史学界和民族学界的一些学者就进行过探讨研究。一些学者通过实地社会历史调查，整理出一些傈僳族社会历史调查资料，并编写了《傈僳族简史》。

《傈僳族简史》用两节的篇幅，对傈僳族族源进行了探讨。通过对傈僳族创世传说《创世纪》、语言特征和氏族图腾资料的分析与比较，提出："傈僳族属于唐代'乌蛮'部落集团中的一个集团，和彝语集团中自称为'诺苏''纳苏''聂苏'

的部落在古代有着密切的亲属关系。由于各种历史原因,特别是自16世纪以来,经过几次大迁徙之后,已经发展成为一个单一民族。"[1]迄今为止,这是学术界对傈僳族族源公认的看法。这一看法,获得傈僳族学术界的认同。《傈僳族文化大观》《怒江傈僳族自治州民族志》等书坚持这一结论。

二、历史传说

从民族世代相传的创世传说考察傈僳族族源,除《创世纪》与彝族诺苏、撒尼、阿细等支系的创世神话有许多共同点之外,我们还可征引一些有关人类起源神话传说加以佐证,如流传于四川德昌县傈僳族中的关于人类起源的神话故事。在《人类起源的传说》中,傈僳族和彝族是人类始祖姐弟俩生的,且彝族是老二,傈僳族是老三。同时,这则神话与彝族的《人类始祖》《三族起源》《举木惹牛》《石母夷兹比》《阿霹刹、洪水和人的祖先》等人类起源神话的情节相同,例如始祖生下的娃

---

[1] 《傈僳族简史》编写组编:《傈僳族简史》,云南人民出版社1983年版,第5页。

娃都是哑巴，并且让娃娃说出了不同语言，后来形成不同民族。《人类起源的传说》还与彝族族源神话《葫芦里出来的人》有一个共同的情节，始祖先生下一肉团，将肉团砍碎后，丢向树林，肉团挂在不同的树枝上，肉团落地后变成了人。挂在羊角树上的姓杨，挂在姜子树上的姓姜，挂在桃树上的姓陶，挂在柳树上的姓柳，挂在花上的姓花，挂在树叶上的姓叶，各自成了不同姓氏的人。

傈僳族族源神话《虎氏族的传说》和彝族的族源神话《虎氏族》，都讲一女子与虎成亲，虎为彝族、傈僳族之祖先，虎所生之子成了虎氏族。

傈僳族《盘古造人》《岩石月亮》《洪水》《创世纪》等神话传说都认为傈僳族与彝族属同一族源。而彝族人类起源神话《马缨花》亦指出彝族与傈僳族是一母所生，同出一源。傈僳族《创世传说》中认为，在洪荒之世，人类曾经历了三个时代。①

---

① 张征东：《傈僳族社会历史调查报告》，西南民族学院图书馆编印1984年版。

第二章　族源族称

第一代叫"楚甫迦"。那时人身仅五寸长，所用锅如蛋壳大，碗如栗壳大。那个时代的人，因力气小，不能做大事，也不能抵抗大风、大雨、大雪。后来，发生自然变化，"楚甫迦"时代的人因大规模冻死饿死而灭绝了。

第二代叫"缪书缪休迦"。那时人类的身体只有一尺五寸长，矮小如野猴。他们采果子充饥，摘树叶当衣穿，不种庄稼，穴居野处，不能御风雨，不能避寒暑，随生随死。那个时代，自然灾害多，天上出现九个太阳，热得抗不住；夜间出现七个月亮，冷得受不了。太阳照射山川原野，晒得遍地生烟，草木枯死。天大旱三年，又大雨三年，山洪大暴发，横流遍地。"缪书缪休迦"时代的人被洪水所灭。

第三代叫"汪恩行美迦"。这是魔王汪恩行美迦主宰宇宙的时代。那个时代的人类，为了躲避魔王，逃入山林中，与猿猴同居，变为猿猴。

天使乌萨令恩仪抛降凡，去创造人类，给他一粒南瓜籽。乌萨令恩仪抛降临大地，将南瓜籽种在园中。不久后,生出藤蔓,开花结瓜。瓜不仅很大,而且瓜里面有人说话。瓜熟时,乌萨令恩仪抛把瓜划开,瓜里面有一男一女,他们是两兄妹。哥哥叫恩恒扒,妹妹叫恩恒嬷。兄妹俩依天使乌萨令恩仪抛之命,结为夫妻,繁衍人类。

这个傈僳族创世传说与彝族创世史诗《查姆》《尼苏夺吉》,把人类演化发展的进程分为"独眼睛""直眼睛"和"横眼睛"三个时代,二者有着惊人的相似之处。

《查姆》里讲:"独眼睛"时代的"拉爹"人,是"猴子生"的,"他们只有一只眼","独眼生在脑门心"。那时,野兽横行,人兽相争,"马乱踢人,牛乱顶人,鸡乱啄人","老虎抬人吃,人也吃老虎"。人们在"树林里头住,野果当饭吃",后来,在干旱的时期被晒死了。

"直眼睛"时代的"拉拖"人,用"树枝做梁柱、茅草做房顶、树叶做墙壁,盖成一间房",学会养羊和狗,学会种玉米、高粱。那个时代,"管头的一个没有","妹子配哥哥,一个配一个,这

第二章 族源族称

样去做人家"。后来,这代人被洪水淹没了。

"横眼睛"时代的"拉文"人,是洪水遗民阿朴独姆的后代。那个时代的人,"学会了种粮食,永远饿不着了"。那时候,横眼人又发明了图画文字。"把天地画上,把月亮、太阳画上,把星宿画上,把风雨画上、云和雾露画上、树叶和石头也画上、粮食种子也画上……阿朴独姆也画上、世上万物画上。"从此以后,"拉文"人会给万物取名字,知道记年、月、日,知道万事万物的来历了。①

两相比较之后,我们可以得出这样的结论:人类演化发展曾经历过三个时代,这是傈僳族和彝族先民对自身演化发展的共同认识。

在洪荒之世,人类曾有直眼(直目)人,这在汉族、藏族、哈尼族、纳西族、普米族等民族的创世神话和创世史诗中都有反映。傈僳族和彝族先民认为人类演化发展曾经历过三个时代,这一情况实为少见。我们能否说这是古代傈僳族和

---

① 云南省民族民间文学楚雄、红河搜查队搜集,郭思久、陶学良整理:《查姆》,云南人民出版社1981年版。

彝族同宗同源的又一有力佐证呢？

上述这些文化传承关系表明，傈僳族的族源，与彝族有着天然的血缘纽带联系。

从风俗习惯考察，我们发现，在现代傈僳族人和彝族人中，仍然共同保留着许多传统风俗习惯。例如，尊老爱幼的美德、尊重女性的风尚、起房盖屋帮白工（不计报酬）的互助精神等。又比如崇尚黑色、以黑为贵的传统。再如，尝新饭（新米节）时，要先喂狗的习俗。傈僳族农作物起源神话《粮食种子的由来》指出：粮食种子是狗到天上要来的。据说，因为狗要粮种有功，所以，傈僳族人至今每逢尝新饭或年节，都要先喂狗，以示慰劳。喂狗时，还要吟一段祈祥的祝词。彝族也有类似的传说和习俗。至今，滇西彝人尝新饭时，也要先喂狗。据说，谷种是狗从天上要来的，因此，每家尝新饭时，都先喂狗，以示不忘狗要来谷种之功。从这一共同的神话传说和至今仍然保留的生活习俗以及文化特征中，也可观察到傈僳族与彝族具有亲缘关系的信息。

第二章 族源族称

概括起来，傈僳族与彝族同属彝语支的民族，从古至今，同在一地域生息繁衍，语言接近，神话传说、风俗习惯、家族制度以及经济生活等方面都有许多共同点，有着密切的渊源关系。[①]

族 称

一、自 称

傈僳族自称为傈僳。"傈僳"二字，系本民族自称词之语根，在本民族语中，其本义难以确切解释（近有四种不同解释，而傈僳族学者、史富相的《傈僳族的根与源》一文中，"居住在坡地上并获取五谷或住在山林的人"的解释比较确切）；亦称为傈僳扒（"扒"亦写作"帕"）。"扒"，傈僳语意为"人"。"傈僳扒"，直译为"傈僳人"。

二、他 称

傈僳族的他称和本民族自称是统一的。在汉文史籍中，关于"傈僳"二字的音译，虽有十种字样，

---

① 左玉堂编著：《傈僳族文学简史》，云南民族出版社2014年版，第21—24页。

记作"栗粟""力苏""力""傈僳""力些""傈""力梭""黎苏""俚苏""傈苏"等,字样殊异,但读音则相近,均为"傈僳"二字之音,皆指傈僳族。

傈僳族的族名,在汉文史籍中首先见于唐朝樊绰《蛮书·名类第四》,写作"栗粟":"栗粟两姓蛮,雷蛮、梦蛮,皆在茫台登城,东西散居,皆乌蛮、白蛮之种族。"

《木氏宦谱·木青传》写作"力苏":"万历二十五年,云龙州力苏抢五井司提举皇盐作耗奉总兵官征南将军太师黔国公沐武靖昌祚及两台明文,亲领兵征进,杀获八三级,蒙奖花牌表里。"

明朝杨慎《南诏野史·南诏蛮夷种类》四十条写作"力":"力,即傈僳,衣麻披毡,岩居穴处,利刀毒矢……以制服西番……"

清乾隆朝官编绘《皇清职贡图》卷七写作"傈僳":"傈僳,相传楚庄开滇时,便有此种。无部落,散居姚安、大理、永昌、丽江四府。其居六库山谷者,在诸夷中为最悍。其居赤石崖、金江边地与永江连界者,依树木岩穴,迁徙无常。"

第二章 族源族称

清朝顾炎武《天下郡国利病书·云南五》写作为"力些":"力些,惟云龙州有之,男囚首跣足,衣麻布直撒披以毡衫,以毳为带束其腰。妇女裹白麻布,善用弩,发无虚矢。每令其妇负小木盾径三四寸者前行,自发弩,中其盾,而妇无伤以制服西番。"此外,清朝毛奇龄《云南蛮司志》亦写作"力些"。

《续云南通志·南蛮志种人》亦写作"僳僳":"僳僳,相传楚庄蹻开滇时,便有此种。无部落,居姚安、大理、永昌、丽江四府。其居六库山谷者为最悍,其居于赤石岩、金江边地与永江连界者,依树木岩穴,迁居无常。"

清朝余庆远《维西见闻录·夷人篇》写作"栗粟":"栗粟,近城四山、康普、弓笼、奔子栏皆有之。男挽髻戴簪,编茅草为璎珞,缀于发端,黄铜勒束额,耳带铜环。优人衣旧,则改削而售其富者衣之。常衣杂以麻布、棉布、织皮,色尚黑。裤及膝,衣齐裤,臁裹白布。出入常佩利刃。妇挽发束箍,耳戴大环,盘领衣,系裙曳裤。男女常跣,喜居悬崖绝顶。垦山而种,地瘠则去人,迁徙无常。刈获则多酿为酒,昼夜沉酣,数日尽之。"

清《盐源志·种人》写作"傈":"傈即栗粟,居于雅砻江谷之崇岭,为爨蛮之种族,刀耕火种,迁徙无常……"

清顾祖禹《读史方舆纪要》写作为"力梭":"铁索箐在县西北,逶迤千里,山阿水隈,蹊径深险,夷人每聚于此,恃险出没,剽掠几百余年。万历初,铁索箐力梭夷叛,抚臣邹应龙讨之,七十二村悉平。"

和锡光《中甸县志稿·种人》写作"俚苏":"俚苏,即《通志》所称傈傈也。居于金沙江畔之峻岭崇峰间,种荞麦而为食,织麻缕以为衣。喜猎,射则必中。"

此外,《云南地理考察报告》《云南志》《滇志》《丽江府志》《永昌府志》等史志也有对傈傈族的记载。所载虽字样不同,但实指傈傈族这一民族。①

---

① 左玉堂编著:《傈傈族文学简史》,云南民族出版社2014年版,第8—10页。

第三章 光辉的历史

唐代以来的社会概况

在唐代,傈僳族先民为"乌蛮"的一支。在这一时期,"栗粟"部落属勿邓、两林和丰巴三大乌蛮部落统治,仍未形成统一的强大部落组织,处于狩猎、采集时期,尚未进入农业社会。

在宋元时期,汉文史籍中很少有傈僳族的记载。14世纪以后,文献和地方志多有关于傈僳族的记载。

明景泰《云南图经志书》卷四中说:"有名栗粟者,亦罗罗之别种也,居山林,无室屋,不事产业,常带药箭弓弩,猎取禽兽,其妇人则掘取草木之根以给日食。"这表明大部分傈僳族当时还处于以狩猎、采集生活为主的原始社会阶段。

在15—16世纪中叶,居住在丽江、维西一带的傈僳族,受丽江土知府木氏的统治,大批傈僳族沦为木氏土司的农奴和奴隶。在16世纪,丽江土知府木氏与西藏农奴主之间为争夺中甸、维西(即临西)、德钦(阿墩子)、宁蒗等地的统治权而进行了长期(先后持续80余年)的战争。大批傈僳族人被迫参加了这场争夺之战。不堪忍受战争苦难的傈僳族人民,在其氏族首领刮木必(荞氏族首领)的率领下,于明嘉靖二十七年至二十八年,翻越碧罗雪山,进入了怒江。英雄史诗《古战歌》和历史传说歌《荞氏族的祭祀歌》(傈僳语音译"刮扒尼古哦")生动地记述了傈僳族人民被迫迁徙的史实。民间还广泛流传着这次大迁徙的历史传说。

自19世纪以来,以维西傈僳族农民恒乍绷、永北傈僳族首领唐贵、丁洪贵、谷老四为首的几次起义失败后,傈僳族中的虎、熊、鼠、猴、雀、蛇、羊、蜂、鸡、鱼、菜、麻、竹、犁、木、霜、火等17个氏族,又相继迁徙到怒江,成为怒江各

第三章 光辉的历史

民族中人口最多、分布最广的一个民族,并形成今天傈僳族以怒江为聚居中心的地理分布状况。

19世纪中期和末期,有几批傈僳族向西越过高黎贡山,进入缅甸境内。另有几批傈僳族向南沿澜沧江、怒江进入沧源、孟连,再进入老挝、泰国境内。据一些地方县志记载,自18世纪以来,傈僳族已由狩猎、采集生产为主逐渐向以农业生产为主兼营狩猎、采集过渡。据史料记载,清嘉庆七年(1802年),居住在澜沧江两岸的傈僳族已经"耕田住屋","种有青稞、苦荞"。清康熙《元谋县志》记载:当地傈僳族"板瓦为屋,耕荞、稗为食"。清《云南州志》记载:当地傈僳族"亦事耕耘,饶黍、荞、稗"。这表明当时这些地区的傈僳族已结束了游耕、游猎生活。至中华人民共和国成立前,杂居在内陆地区和聚居于怒江地区的傈僳族,均以农业生产为主,采集、狩猎生产为补充手段。但是,由于社会的、地理等多种原因,傈僳族社会发展进程迟缓、不平衡。特别是聚居于怒江地区的部分傈僳族,因生产力不足和生产水平低，社会经济落后，直至中华人民共和国成立之前，尚有浓厚的原始公有制和家长奴隶制残余，其处于原始社会末期向阶级社会过渡的阶段。①

反抗封建统治的起义

在18—19世纪，傈僳族人民反抗封建统治的几次起义，给封建统治者沉重的打击，在傈僳族历史上写下了光辉的篇章。

一、弄更帕、密老五等为首领的起义

清乾隆十一年（1746年），泸水称戛等村的傈僳族人民因不堪忍受永昌府官吏及防汛官兵的"恣意凌虐"以及云龙土知州段氏的压榨苛派，在弄更帕、密老五、欧傈僳等人的领导下，聚众数百人揭竿而起，与官兵和土司兵对抗，用伏弩射杀团练数人。云贵总督张允随、巡抚图尔炳阿调集了官兵574人，并征调兰州、沧江、鲁掌、六库、漕涧、大塘、光明等地土目、团练1339人，委派

---

① 左玉堂编著：《傈僳族文学简史》，云南民族出版社2014年版，第25—27页。

腾越协副将光宗为总统、楚姚镇标中军游击岳崇美为副统，分路围攻称戛、幸党等寨。起义军在首领弄更帕的率领下，凭借复杂的地势，以滚石擂木和弓弩英勇抗击敌军，但终因寡不敌众而失败。起义军首领弄更帕牺牲。这次傈僳族人民的反抗封建统治的起义，也因起义军首领的牺牲而失败。①

二、恒乍绷为首领的起义

恒乍绷，是云南省维西绵羊古村的农民，曾以行医为业，为维西傈僳族的宗教头人，也是傈僳族农民起义首领、著名的民族英雄。清嘉庆六年（1801年），由于不堪忍受清朝统治阶级的民族压迫和阶级剥削，恒乍绷率领傈僳族、怒族等各族人民起义进行反抗。起义军以傈僳族为主，还有怒族、独龙族、纳西族、白族、普米族、藏族、汉族人民参加，是滇西北各民族反抗清朝民族压迫和阶级剥削规模最大的一次反封建斗争。

---

① 参见《怒江傈僳族自治州概况》编写组编：《怒江傈僳族自治州概况》，云南民族出版社1986年版，第72—73页。

起义军从澜沧江上游维西县的康普、叶枝等地由北向南顺江而下，很快发展到通甸、树苗、小川、吉尾等地，革命烈火燃遍滇西北各个县，消灭康普土司及清军官兵数千人。这次起义持续了三年之久（嘉庆六年至八年，1801—1803年），清廷调集了万余兵力进行围剿。最后，起义首领恒乍绷被杀害，滇西北各族人民的起义失败了。这次起义给清朝统治阶级的民族压迫和封建剥削以沉重的打击，在反清斗争史册中留下了光辉的一页，在傈僳族历史上谱写了灿烂的篇章。

虽然傈僳族人民起义首领恒乍绷被杀害了，但他英勇的反抗事迹却口耳相传，广泛流传于滇西北。至今，在维西一带还流传着有关恒乍绷率众反清斗争的传说，有的传说甚至对他加以神化。诸如《练武行医》《官逼民反》《恒乍绷》《恒乍绷起反》《开仓济贫》《对峙》《收服韦林》《劫取四十驮》《大战败死沟》《雨夜突围》《英勇就义》等近30篇作品，以神奇浪漫的笔调，生动而形象地反映了恒乍绷高举义旗率众造反抗清的历史过

第三章 光辉的历史

程和斗争风貌,热情歌颂了农民起义首领恒乍绷及其英雄事迹,充分表明傈僳族等各族人民对恒乍绷的崇敬。下面介绍两则有关恒乍绷的传说。

《练武行医》叙写:

> 傈僳族村寨绵羊古,山高坡陡,沟壑纵横,澜沧江从这里流过。俗话说:深山出猛虎,大江出蛟龙。恒乍绷就出生在这里(约在1773年)。他的父亲恒饶扒,精于草药,还擅长制作弩弓,练得一手好射术。恒乍绷从小就跟父亲练习射弩、行医,十五岁时,就已练得一手好箭法,能在二十步之外射中筛子眼、小树叶、铜钱孔。他还能让远处的刀刃将他射出的箭头劈为两半。长到二十岁时,他长成一个大高个子,脸黑乎乎的,力气过人,胆大如虎。他父亲过世后,他到各村寨给人看病,不收分文。后来他的医术达到了其父水平,寨里有人生病,都来请他医治,每次都药到病除。时间长了,恒乍绷的名声越来越大。

《英勇就义》叙写：

恒乍绷雨夜突围出觉罗琅玕兵马的包围，来到栗地坪，摘野果充饥，把肚子搞泻了，弄得脚瘫手软，路也走不动了。几个弟兄轮换背着他，走了三天三夜，悄悄地回到绵羊古寨家里治病。不久，这事被新任土千总喃朱知道了，他一边急忙派人到石鼓告密，一边暗地里偷偷派人来到绵羊古，邀请恒乍绷去做客，并发誓决不出卖恒乍绷。恒乍绷想先前喃朱还曾参加过起义军，当过义军运粮官，不至于出卖他，便领着两个弟兄来到康普。喃朱假意喜相迎，让恒乍绷和他的两个弟兄喝酒醉倒了。这时喃千总喝令土将恒乍绷等三人绑了，带领一伙兵丁，星夜将恒乍绷他们押解石鼓，交给琅总督。九月二十日午时，琅总督坐寨升堂，审讯恒乍绷。恒乍绷面不改色，挺起胸膛，怒冲冲地盯着觉罗琅玕，一声也不吭。觉罗琅玕问："恒乍绷，你还有什么话要说?"恒乍绷回答:"你不必多问,要杀就杀,二十年后我还要来反你们。"恒乍绷被押赴刑场。他昂着头,一边大步走,一边高声喊道:"你们杀我,老天会发怒,晴天要打雷!"果真,杀恒乍绷的时候,狂风大作,沙石滚滚,晴天里响了三个霹雳。

三、唐贵、傅添贵为首领的起义

1821年,北胜州(今永胜、华坪县)爆发了以傈僳族人民为主,包括汉族、彝族、傣族、回族等各族人民在内的反对土司苛派、地主强占耕地的农民大起义。这次以傈僳族唐贵、傅添贵为首的大起义,武装人数达10000余人,历时一年,波及60多个府、厅、州、县。清王朝派遣卸任总督庆保、新任总督史致远、四川将军兼钦差大臣尼玛善等封疆大吏,率领30000官军围剿。这次事件,消耗国库银四五十万两,征调云南60多府、厅、州、县的粮草以供军用。虽然傈僳族等各族人民的起义又一次被封建统治者镇压下去,但是终于迫使清政府采取了一些缓和措施：将"怯怯巧诈"的云南提督张凤革职，"饬令回籍"；将永北同知张懋田革职，发往新疆"效力赎罪"；将土知州高善革职，"照例迁徙，另选应袭之人承袭"；并将土司及汉族地主霸占的田亩，"分晰清查，造册呈送"，设法赎取。这些措施暂时缓和了矛盾。①

四、和沛三、施桂生为首领的起义

1917年，兰坪县傈僳族、白族人民因不堪忍受官府和地方豪绅的横征暴敛，暴发了以和沛三（傈僳族）、施桂生（白族）等人为首领的轰轰烈烈的各族人民抗暴起义。

和沛三，又名阿孟扒，兰坪县丰登村人，平时见义勇为，为了反对官府和地方豪绅，到处走乡串寨，练兵习武，广结朋友。1916年，啦鸡井盐场缉私队枪杀了一个傈僳族农民，紧接着，官府公差又因逼收钱粮在石中坪村将两个傈僳族小孩舂死在石碓里，深深激怒了傈僳族人民，导致

---

① 《傈僳族简史》编写组编：《傈僳族简史》，云南人民出版社1983年版，第40—41页。

第三章 光辉的历史

起义迅速爆发。

1917年农历正月初八,和沛三、施桂生等聚集了甲登、丰登、石钟坪、白岩、羊山等十四个村寨的近千名傈僳族、白族农民,正式起义。和沛三称"吾主"(傈僳语"皇帝"之意),施桂生称"宰相",方林爹称"千总",其余首领称"大人",分别率众向啦鸡井进攻。施桂生、蔡友旺率领的营盘各村起义群众,在占领了营盘街后,从杨玉科的爵府里拿来各色旗帜和锣鼓,举旗鸣鼓,英勇冲锋。经过一天激战,起义群众占领了啦鸡井盐场公署,消灭了盐场的缉私队,打死了啦鸡井团正李荃麟以及其他官吏、恶霸。另一路义军则在曲才宝、曲元宝等人的率领下攻打石登,占领了县佐衙门,杀死石登县佐"旃大老爷",斗争旗开得胜。

打下啦鸡井、营盘、石登后,义军兵分两路,一路由和沛三、施桂生率领,进军兰坪县城金顶,伪县长赵鳌等官僚士绅弃城逃跑。义军占领金顶后,继续出兵剑川,行至羊岑,遇到前来镇压的官军。在江尾塘战斗中,义军首领之一和太生阵亡,被迫退回到兰坪县。另一支义军则进军维西,沿途傈僳族群众纷纷响应,但由于遭到官军的阻击,未能攻占维西县城。

起义爆发以后,当时的政府调集了大理、云龙、剑川、碧江等地的官兵,从四面八方围剿起义部队,兔峨土司罗秀也出兵并南下堵截义军,经过激战,义军被击溃。但他们并不屈服,在和沛三、施桂生等人领导下,翻越碧罗雪山后进入碧江,联络傈僳族、怒族,起义队伍又发展到八九百人,并攻打知子罗行政公署。最后,被知子罗行政委员董延范率领的官军打败,和沛三、施桂生等人被迫逃亡境外,轰轰烈烈的兰坪各族人民的抗暴起义最终被镇压。[①]

五、鲁基曼、楚沙扒为首领的起义

清光绪三十一年(1905年),泸水县傈僳族农民鲁基曼率众反抗土司;1919年,丽江县傈僳

---

① 参见《怒江傈僳族自治州概况》编写组编:《怒江傈僳族自治州概况》,云南民族出版社1986年版,第76—77页。

族农民楚沙扒率众起事。这一次又一次率领傈僳族人民反抗斗争的英雄人物的传说,至今在民间广为流传。这里选有关鲁基曼、楚沙扒的两则传说,概述如下:

《鲁基曼》[①]叙写:

> 鲁基曼出生在兰坪。他八岁那年,阿爸因不堪忍受兔峨土司的压迫,领着全家人翻越碧罗雪山,渡过怒江,逃难来到称戛,在双奎地寨子落户。过了两年,阿爸因交不上土舍要的麝香,被活活吊死。有多少人家被逼得逃进深山老林。看着父老乡亲受苦受难的悲惨情景,鲁基曼发誓:要报仇!鲁基曼在苦难和仇恨中长大了。他在双奎地扯起了造反大旗,拉起了起义队伍。牛角号吹响了,起义队伍呐喊着冲向土舍老爷住的大村子。砸开土舍的仓库,分粮给穷人;杀翻猪牛,

---

① 祝华生、肯富等:《鲁基曼》,《山茶》1991年第1期。

让饥民饱食。六库土司得知鲁基曼率众造反的事,手忙脚乱,紧急通知鲁掌和大兴地土司出兵征剿起义队伍,包围了大村子。一个村子火光冲天,喊声震地。鲁基曼肩上中箭,忍着剧痛,挥刀杀开一条血路,奔向深山。起义队伍被镇压下去了,但起义首领鲁基曼没有被抓到。土舍、土司心不甘。后来,鲁基曼躲回家里养病,被一个懒汉出卖。土司把鲁基曼五花大绑抓走。土司对他软硬兼施,鲁基曼宁死不屈,英勇就义。第二年春天,在称戛大村子附近山坡上长出许多石榴树,结的果子像血一样红。人们说,这是勇士的鲜血染成的。

《楚沙扒起事》[①]叙写:

民国初年,丽江县三仙姑一带连年大旱,

---

① 《中国传说故事大辞典》编委会编:《中国传说故事大辞典》,中国文联出版公司1992年版。

第三章 光辉的历史

老百姓的日子真难过。住在山里的傈僳人，靠天吃饭，老天不下雨，撒种的庄稼连种子也收不回，日子过在刀尖上。三仙姑地方财主木廷，大伙恨他恨得入骨，都叫他木老虎。木老虎趁灾逼着傈僳人交租粮。那年月，傈僳人肚子饿得起火，哪来粮交租子？木老虎就吆喝人，挨家挨户搜，整得傈僳人四处逃躲。楚沙扒有个一百四十岁的祖奶奶。他背起奶奶逃了三天三夜，跑到鱼美都地方，放下奶奶，想给她找点水喝。不想，奶奶不行了，只听她断断续续地说："世道不成，我要去了。往后我坟头上会长出一蓬黄竹、一棵麻桑树，等它们削得箭、做得弓，你们就起事吧！"楚沙扒伤心地把奶奶埋在鱼美都的山上。果然，不久后，奶奶坟头上长出一蓬黄竹、一棵麻桑树。没过多久，楚沙扒砍下竹削了箭，砍下桑树做成弩，联络傈僳人起事，造木老虎的反。冬月初四那天，几百人集拢一起，要起事。没想到，木老虎的暗探探得消息报告木老虎。木老虎带着人赶来。楚沙扒"嗖"地射出一箭,霎时,几百傈僳人,砍的砍,杀的杀,射的射,木老虎没命地逃回去了。楚沙扒率领大伙起事了。木老虎吃了亏,纠集一班人马反扑,又被楚沙扒的起事队伍打败了。木老虎跑躲起来,等着城里的救兵。楚沙扒连打两回胜仗,他的队伍壮大了,打进了三仙姑村子。木老虎的救兵赶到了,那些持刀拿棍的民团,气势汹汹地攻打傈僳人。没想,不到三个回合,就被楚沙扒、车沙、热喜扒一伙打散了。民团打了败仗,躲进三仙姑村子一所高大的四合院土墙内,不敢出来。

楚沙扒打富济贫的事,一传十,十传百,四面八方传开了。跟他起事的人越来越多,声势也越来越大。这事吓慌了府官,连忙调派官军来围剿。楚沙扒的大队伍撤进大山了,楚沙扒掩护队伍撤退,在三岔河山顶上被官军捉住了。不久,他被拉到石鼓戏台上杀了头。

至今，傈僳人还念着他，讲他的故事呢！

一次次抗争，一次次失败了，英雄倒下了。斗争是残酷的，傈僳族人民付出了血的代价。但是，富于反抗精神的傈僳族人民，反抗封建统治阶级压迫、剥削的斗争并没有停止，他们前赴后继，英勇斗争，勇往直前，谱写了可歌可泣的悲壮历史。

历史上几次大迁徙

木必，又名刮木必（荞氏族的木必）、木必扒，是傈僳族荞氏族的首领。他也是率领傈僳族完成第一次由东向西的民族大迁徙的首领。据丽江石鼓铭文记载：明嘉靖二十七年至二十八年，在丽江土知府木氏与西藏封建统治集团之间争夺临西（今维西县）和津州（今丽江市巨甸）的战争中，以木必为首领的一支傈僳族军队，在纳西族木土司的指挥下，参与了这场战争。木必率领的傈僳族军队屡屡击败敌方的进攻，连续取得胜利。后由于敌方骑兵大量增援，阴险的木土司又不顾及木必的队伍，木必在危急之下，便带领他的武装队伍撤退到澜沧江西岸。接着，木必率领他的武装队伍、氏族、部落，越过碧罗雪山，进入怒江两岸。

后来，木必成为统治怒江地区的民族首领。傈僳族人民创作了许多关于他的传说，一代一代流传下来，经久不衰。目前我们收集到的主要作品有《木必帕》《木必帕的传说》《扳直弯羊角》《跳马喝酒》《大破官兵》《要下嘴壳》《上山打虎》《火烧怪物》《率众起义》《木必还活着》等。

英雄史诗《古战歌》，傈僳语称"得图木刮"，意为打仗开辟田土的歌。史诗以荞氏族首领木必率领傈僳族人民从金沙江渡过澜沧江、翻越碧罗雪山，进入怒江峡谷的历史事实为题材，生动而悲壮地描述了残酷的压迫带给傈僳族人民的深重苦难。同时，也热情地歌颂了傈僳族人民不畏强暴、英勇不屈和敢于斗争的精神。关于傈僳族人民被迫迁徙途中的悲愤遭遇，《古战歌》中是这样描绘的：

第三章 光辉的历史

木必扒劝阻老人们停止呼喊和呻吟,由字扒命令妇女和孩子停止啼哭,怀着悲凉的心情离开了平平的田土,背负着生存的希望踏上坎坷的山途。追杀的声音听是听不到了,回头还能望见旧住地冲天大火,仅余的牛羊带是带出来了,不能走动的庄稼何时再去收割?

在迁徙途中,人们扶老携幼,赶着牛羊,要穿过猛虎出没的原始森林、翻越终年积雪的碧罗雪山、走过蟒蛇栖息的深山幽谷。每遇有人死亡,他们照样给死者唱《葬歌》,按本民族传统习俗,每人捧一捧土掩埋死者。那震荡着群山荒野的恸哭声,杜鹃和黄蝉也为之悲鸣。这些景象在歌词中描述得生动感人:

> 白天山坡上卷起阵阵黄风,夜晚密布的阴云遮住星空,浓密的森林里猛虎咆哮,幽幽的深谷里蟒蛇嘶鸣,每人一捧土掩埋了同

族兄弟，遍野的歌声送走了同乡的亲人，杜鹃哀叫声中走了一夜又一夜，黄蝉呜咽声中走了一天又一天……

全歌结尾，把未来的一切期望寄托给年轻一代，让他们牢记先辈们英勇斗争的历史，莫忘老一辈开辟田土的艰辛。长诗以高亢激越的基调、悲壮沉痛的感情、丰富生动的比喻、气势磅礴的描绘，把傈僳族古代英雄木必扒、由字扒所领导的民族战争英勇豪壮的战争场面、以及在迁徙征途上与大自然顽强斗争的宏伟图景，描写得细致入微。

在荞氏族首领木必率领傈僳族完成了第一次由东向西的民族大迁徙后，自19世纪以来，傈僳族又有几次由东向西的民族大迁徙。

清嘉庆八年（1803年），傈僳族农民恒乍绷为首领的反抗封建统治起义失败后，民族大迁徙进入怒江两岸。

清道光元年（1821年），永北傈僳族农民唐

第三章 光辉的历史

贵、傅添贵为首领的反抗封建统治的起义被血腥镇压后,民族大迁徙进入怒江大峡谷。

清光绪二十年(1894年),永北傈僳族农民丁洪贵、谷老四为首领的反抗封建统治的起义失败后,民族大迁徙进入怒江两岸。

历史上,傈僳族几次民族大迁徙有一个共同的特点,都是反抗封建统治的起义失败后,由东向西的大迁徙,进入怒江两岸。

据傈僳族口口相传,在远古时代,怒江、澜沧江、金沙江三江交汇于"三塔江",这里是"太阳升起的地方"。傈僳族就居住在"三塔江"的上坡上。他们"从太阳升起的地方"向"太阳落下的地方迁徙"。十九世纪中期和末期,有成批的傈僳族向西越过高黎贡山,进入缅甸境内;另外有几批向南沿澜沧江、怒江经镇康、耿马进入沧源、孟连,然后抵达老挝、泰国。这就形成傈僳族分布广、大分散、小聚居的状态[①]。

---

① 《傈僳族简史》编写组编写:《傈僳族简史》,云南人民出版社1983年版,第20页。

奋勇抵抗外来侵略

傈僳族是一个爱国、爱民族的民族。

历史上,勤劳勇敢的傈僳族人民,为维护国家的统一、主权和领土完整,做出卓越的贡献。从19世纪末期起至20世纪40年代,傈僳族人民曾多次英勇顽强地抵抗外来侵略者,给外来侵略者以沉重的打击。

1908年,德国人布仑胡伯以"探险"为名,与两名黑人携武器潜入怒江地区,行抵福贡腊乌村,对傈僳族人民多方苛索,被爱国的傈僳族人民处以死刑,使这个"探险家"的阴谋未能得逞。

1908年,英国驻腾越领事烈敦窜入我国片马,妄图贿赂和收买片马管士勒墨杜帕(傈僳族),从而占领片马,但遭到了勒墨杜帕的严厉斥责,并被驱逐出片马。

1911年1月,英帝国主义侵略军侵占我国领土片马、古浪、岗房之际,当地的傈僳、景颇族人

第三章 光辉的历史

民奋起抵抗英帝侵略军。在全国人民的一致抗议和傈僳族、景颇族人民的抵抗下,英国政府不得不在1911年4月10日正式承认片马、古浪、岗房各村寨属于中国,但是却毫无道理地继续侵占这一地区。直到中华人民共和国成立后,这些地区才重新回到祖国的怀抱。

在抗日战争期间,腾冲、龙陵、盈江以及怒江地区的傈僳族人民和爱国教徒曾反对外国牧师霸占土地、扩大教堂,拒绝缴纳各种以宗教为名的苛派,如"上帝粮""收获节献礼"等,还抗议贡山天主教神父奸污妇女的丑行。

与此同时,福贡的傈僳族、怒族人民为了抗议美国牧师马导民的专横跋扈,联合起来捣毁了木古甲教堂,驱逐了这个作威作福的洋教士。

1942年,日本在攻占缅甸之后,派遣一支侵略军侵入腾冲、龙陵、梁河、盈江,并进抵泸水西岸。日本侵入泸水西岸后,无法渡过急流滔滔的怒江,便在怒江西岸隔江炮轰六库,焚毁了东岸的设治局所在地鲁掌寨,强拉傈僳族人民充当苦役。日寇铁蹄所到之处，庐舍为墟，鸡犬不留。腾冲、龙陵、盈江、泸水各地的傈僳族人民和各族人民一道拿起弩弓、刀矛、土枪，在山沟河谷里到处狙击敌人，迫使日寇不敢强渡怒江。

在抗击日本侵略的斗争中，傈僳族人民编织了许多可歌可泣的反帝传说，迄今仍在傈僳族人民群众中口耳相传。

《反帝滩》叙述：

相传1908年秋收时节，人们正忙着秋收。德意志帝国的布仑胡伯，打着"探险""旅行"的幌子，从腾冲一直窜入怒江腊乌傈僳族、怒族地区，在腊乌怒江边一块沙滩上，扯起帐篷，驻扎下来。掠取民族服饰；测绘山川险道，收集江沙，又照相又绘图；还探察中国边境，掠取矿物标本。世代居住在腊乌的傈僳族托阿迪兄弟亲眼看到布仑胡伯的这些侵略行为后，十分气愤，邀约寨民，赶走帝国主义侵略者。他们经过商量谋划后，在布

第三章 光辉的历史

仑胡伯侵入腊乌的第三天一早,托阿迪等傈僳族汉子们手持弩弓、大刀、长矛、梭镖,团团围住了洋鬼子的帐篷。布仑胡伯发现这情形后,与随从一起企图顽抗,却挨了一梭镖。他受伤并顺着倾斜的沙岸滚进怒江里,拼命爬到了露出江心的一座碓石上,用手枪向沙滩上的人群射击,企图垂死挣扎。这时,托阿迪、社阿常、普阿此等的几十把弩弓,无数支利箭,雨点般地射向布仑胡伯。这个帝国主义入侵者,葬身于汹涌澎湃的怒江之中。事后,人们把惩罚侵略者布仑胡伯的沙滩称为"反帝滩"。

《蓑衣兵奋起抗英》叙写:

英国鬼子兵侵入片马以后,又向我古浪、岗房进犯。来自片马各寨身披蓑衣,手持弩弓、长刀的一百多名蓑衣兵,迅速汇集到古浪大寨,组成了一支抗英入侵队伍。一天,大队鬼子兵扛着米字旗，驮着开花炮，一路放枪，耀武扬威地从片马直朝古浪坝子窜来。可古浪寨的老百姓转移到密林里去了，鬼子兵扑了个空，又向岗房方向扑去。这里山势连绵起伏，古木参天。正当鬼子兵一个个猫着腰，弓着背，探头探脑地向前蠕动的时候，在丛林深处突然"嗖"地飞出一支毒箭。骑着大马走在前头的一个鬼子军官，痛得"哇"的一声惨叫，便滚下马来，后面的鬼子兵吓得"嗷嗷"叫，乱作一团。这时，"嗖嗖嗖"地一支支利箭射向敌军，"砰砰砰"的火药枪声响彻丛林，把敌人打得晕头转向。蓑衣兵一连几次挫败了敌人的疯狂进攻。鬼子兵只好丢下几具尸体，拖着一些伤兵，丧魂落魄地向南逃窜回去。英国鬼子在古浪损兵折将以后，变得更加疯狂。一次又一次对古浪进行残酷扫荡。蓑衣兵顽强地战斗，给敌人以沉重打击。

第三章 光辉的历史

《弩弓队大战敌寇》叙述：

英帝国主义悍然出兵侵占中国领土片马。与片马只一山之隔的怒江两岸的傈僳族、彝族、白族、汉族等各族人民组织起400多人的弩弓队奋勇抗敌。1911年2月的一天，弩弓队兵分南北两路，每人挎一把弩弓，持一柄大刀，登上高黎贡山，从片马垭口两侧迂回包抄入侵雪山垭口之敌。从南路出发的弩弓队利用茂密的森林当掩护，逼近垭口，一个个张弩搭箭，瞄准鬼子兵，"嗖嗖嗖"地猛烈射击，一时间，打得鬼子兵"哇哇"直叫弩弓队见机跃出密林，与鬼子兵展开了浴血搏斗，直到鬼子援兵赶来，弩弓队才撤进密林，打得鬼子兵晕头转向。从北路出发的弩弓队，一登上山顶，就发现远处一队鬼子兵向山顶爬来。于是，他们迂回到山顶西面的密林中，占据有利地势，准备伏击鬼子兵。不大一会儿，一队鬼子兵在一个军官的带领下，气喘吁吁地朝山顶爬了上来。这时，只听"当"的一声，弩弓队射出的第一支毒箭正射中了鬼子军官的眼睛。鬼子军官"哇"的一声嚎叫后倒地毙命。一阵"杀杀杀"的怒吼声震天动地，几百支利箭射向鬼子兵。鬼子兵摸不清密林中有多少弩弓队，吓得调转身，往山下逃命。弩弓队吹响牛角号，一鼓作气，把鬼子打得落花流水。

《擂石痛打鬼子兵》叙述：

1942年，日本鬼子经腾冲、片马向泸水上江地区窜扰，铁蹄所到之处，处处狼烟。傈僳族人民奋起抗击，用大刀、弩箭、竹签、飞石，狠狠打击侵略者。丙贡乡马掌寨有胡家二兄弟，哥哥人称"胡打山"，弟弟人称"二打山"，是寨里有名的猎手。1943年农历十一月十五日晨，一队鬼子兵进寨扫荡，胡打山弟兄将乡亲转移到密林，自己留后保

第三章 光辉的历史

护大伙的安全。鬼子进寨"叭叭叭"乱打枪,却不见一个人影。正在这时,一个夹漕河口滚下来一溜儿石头,砸得鬼子兵龇牙咧嘴地号叫着,向山口搜索过去。胡打山弟兄蹬翻石头后,正在山上等候着他们呢!他俩见四个鬼子向夹漕口爬了上来,眼里迸发出复仇的火焰。两个鬼子兵已走上他们设置的滑床,二打山把系在滑床上的藤条一拉,两个鬼子兵就一骨碌摔进了竹签坑,双双被钉在锋利的竹签上,"嗷嗷"直叫。胡打山见鬼子落井,一脚蹬翻了飞石堆,砸得鬼子粉身碎骨,吓得后面的鬼子抱头连滚带爬地逃下山。

第四章　生产生活习性与信仰风俗

生产习性

一、农耕习性

据史料，清嘉庆七年居住在澜沧江两岸的傈僳族已"耕田住屋"，"种有青稞、苦荞"。清康熙《元谋县志》记载：当地傈僳族以"板瓦为屋，耕荞、稗为食"。清《云南州志》记载：当地傈僳族"亦事耕耘，饶黍、荞、稗"。史料表明，这些地区的傈僳族结束了游耕、游猎生活，已定居，以农耕为主。至中华人民共和国成立前，聚居于怒江地区的傈僳族，以农业生产为主，狩猎、渔猎、采集为补充手段。内地与其他民族杂居的傈僳族

第四章　生产生活习性与信仰风俗

则以农业为主，畜牧业、林业为副业；生产力水平与杂居地区的其他民族一样，共同发展。

傈僳族所居住的地区，一般土地肥沃、气候温和、雨量充沛，适宜种植各种农作物。

（一）农作物

农作物有玉米、水稻、小麦、大麦、荞子、燕麦、高粱、粟米等，杂粮有四季豆、蚕豆、豌豆、黄豆以及土豆、青菜、苦菜和南瓜、黄瓜等。以玉米、水稻为主粮。

（二）耕　地

怒江地区的傈僳族耕地，依照自然地势和农作物种类，一般分火山轮歇地、陡坡锄挖地、半坡牛犁地及水田。在这四种耕地中，不固定的火山轮歇地约占总耕地面积的35%，半固定的锄挖地约占25%，水田只占5%。由于粗放式的生产方式，农作物的总收量在很大程度上依赖于自然条件。例如在开始种植的第一年，火山轮歇地一般收获颇丰，之后地力耗尽，再种地，农作物就歉收，甚至连种子都收不回来。地势、气候的差异也对农作物的收成有很大影响,在牛耕地和手挖地之间,同类作物产量一般相差20%,有的甚至相差50%。历史上,傈僳族农民主要耕种陡坡山地。

与其他民族杂居的傈僳族耕地,主要有水田、固定的耕地、轮歇地（也称二荒地）三种。水田秋季种植水稻,春季种植蚕豆、小麦;固定的耕地,一年种植两季,春季种植蚕豆、豌豆、大麦等农作物,秋季种植玉米、高粱、粟米,并套种四季豆、黄豆、腰子豆等;轮歇地一般只种一季,主要种植小麦、燕麦、荞子等。一般都精耕细作,特别是在固定的耕地种植玉米,薅锄三道,追肥、壅土,收获较丰。

（三）生产工具

历史上,在铁农具输入之前,怒江地区的傈僳族农民大都使用木锄"戈拉"和"怒耳哥"进行耕作。木锄的形状和大小与板锄差不多,一块长宽约1.87米、厚约0.33米的木片,在其上端钻一个孔,用木杆穿入孔内,再沿穿孔的木杆处上

第四章　生产生活习性与信仰风俗

一楔子即成。在弯曲的木棒上端插入一块长约 0.13 米、宽约 0.07 米的铁片,便是"怒耳哥"。据说,这种"怒耳哥"是从兰坪的营盘街买来的。

据说,铁农具是由外地经兰坪、维西传入怒江地区的。在农业生产中所使用的铁农具主要有铁犁、铁锄(条锄和板锄)、镰刀、斧头、长刀等。

铁犁的木柄长约 8.67 米,犁的宽及长各 2.50 米,入土约 0.23 米,用于耕牛犁地和水田。条锄长约 0.17 米,宽约 0.07 米,木柄长约 8.67 米,主要用于开荒、挖地、播种。板锄长 0.20 米,上宽约 0.17 米,下宽约 0.13 米,主要用来除草或挖坡度较大的土地。镰刀主要用于割草或收割荞子、高粱、粟米等。斧头主要用来伐木、劈板、劈柴等。长刀又称为砍刀、背刀、挎刀,一般宽约 0.03 米、长约 0.33 米(长宽不一);非常锋利,不仅能砍小树,还能砍又粗又高的大树,还可以将粗大的圆木剖成木板。傈僳族千脚落地的木板房所用的宽大的木板,就是用长刀劈成的。长刀是傈僳族砍火山地与进行刀耕火种的最主要生产工具;同时也是他们在自卫和狩猎时捕杀野物的重要武器。因此，长刀被称为"万能工具"。

长刀，是傈僳族男子最心爱之物，被视为男性美和力量的象征。傈僳族男子死后，其生前用的长刀要作为殉葬品，悬挂于墓旁的竹竿上。居住于昆明市禄劝县、楚雄彝族自治州的傈僳族，其农作物及生产工具，均与杂居区的其他民族一样。农作物以水稻、玉米为主，生产工具以铁农具为主，亦有竹木制作的各式各样农具。生产力水平也同其他民族一样，无差别。

宁蒗县的傈僳族，大多分布在金沙江两岸低海拔的河谷地带，以玉米、高粱、荞子、小麦及少量水稻为主要农作物。历史上，这里的傈僳族采用的是粗放性生产方式，刀耕火种、轮歇耕作的原始农业生产方式占主要地位。生产工具多为木、石、竹、铁等，生产水平低下。在农具中，铁农具占很大的比例，主要有尖嘴锄、月亮锄（也称板锄）、镰刀、砍刀等。这些铁农具多由外地输入。

巍山县的傈僳族，其农作物主要有玉米、水稻、

第四章　生产生活习性与信仰风俗

小麦、蚕豆、豌豆、黄豆、四季豆、甜荞、苦荞等。他们使用的传统农具多种多样,主要有铁制、木制、竹制、石制等。

耕作有犁、耙,锄头有月牙锄、条锄、大板锄、二板锄、栽菜锄、薅菜锄,钉耙有三齿钉耙、四齿钉耙、九齿疏秧耙,收割农具主要有镰刀、锯形镰刀,加工用具有石碓、石磨、水磨、水榨,脱粒用具有抖缸、连枷、海簸,运输用具有粪箕、背篮、驮篮等。另外,还有一些杂具。

(四)生产组织形式

历史上,怒江地区的傈僳族,其生产组织形式有以下四种:

第一种是"伙有共耕",在傈僳语中称为"贝来合",是傈僳族生产组织习俗。家庭共同协作的"伙有共耕",是怒江地区傈僳族社会中普遍存在的一种土地半私有制及耕作方式上的原始协作形式。所谓"伙有共耕",就是两户或两户以上的家庭共同占有一块地,共同生产耕种,共同出种子、劳动力等,平均分配产品的一种占有形式。共同占有的土地没有明确划分出一块土地的某一部分是属于谁家,只表明每户占有比例。这种土地可以自由买卖、典当或赠送,随着土地占有关系的改变,可以参加或退出共耕关系。

第二种是"英打来乎",其傈僳语语音译与汉语意"伙有共耕"相当。历史上,傈僳族所采用的一种原始生产方式,即有血缘、地缘关系的几户人家,共同占有耕地,共同劳动生产,平均负担种子,不计较劳动力强弱,平均分配产品。

第三种是"瓦刷",在傈僳语中为,"协作"之意。这是傈僳族生产方面的一种特殊的临时劳动组织形式。这种协作形式,不存在剥削性质。农忙季节,任何一家都可以请家族和村寨成员帮忙。待结束后,主人招待饭菜、水酒,不付任何报酬。"瓦刷"多在砍火山地、盖房时进行。

第四种是"瓦来乎",在傈僳语中,为"伙耕"之意。"瓦来乎"是傈僳族土地所有制中的一种特殊的制度,是原始的土地制度"英打来乎"崩溃后所出现的一种私有共耕的特殊形式,也是由公

第四章 生产生活习性与信仰风俗

有制向私有制过渡的一种过渡形式。

第五种是"瓦府",在傈僳语中,为"雇工"之意。这是由最初的协作换工转化而来的比较普遍的一种生产组织习俗。在农忙时节,头人或富裕户就用粮食、盐巴、酒、肉、麻布等实物换取劳动力。这是一种不等价的雇佣方式,一个人工的报酬只相当于一斤半猪肉或三斤玉米,有时只相当于一碗水酒。

此外,贫苦农户之间还保留着原始互助、相帮的"瓦纠""瓦把"等换工互助形式。这些换工是在互助的基础上进行的,一般是人工换人工、牛工换牛工,没有剥削的性质。

巍山、宁蒗的傈僳族,也有协作、共耕伙种的习俗。协作多出现在农忙季节,以工换工、牛工换牛工,族内无雇工。

傈僳族著名叙事长诗《生产调》《请工调》《种瓜调》,生动而形象地反映了历史上傈僳族刀耕火种、轮歇地耕作的原始农耕风俗。《请工调》从请工砍树、割草、播种、守地、收获、晒粮、舂粮到酿酒、煮饭、杀鸡、宰羊以及酬谢帮助劳动的人等方面,对整个刀耕火种的生产过程和生产习俗都进行了生动形象的描述。

二、畜牧习性

(一)畜牧品种

傈僳族聚居在怒江地区,这一地区山高坡陡,草坡不多,这便限制了牧畜业的发展。因此,牧畜业不如内陆与其他民族杂居的傈僳族聚居区发达。农户饲养的畜类种类不多,主要有黄牛、羊、猪等。

(二)饲养方式

一种是圈养,如猪。中小体型的猪牧放到山上,大猪主要采用圈养的方式。另一种是牧放,如黄牛、羊,白天将其牧放,太阳落山后归牧,夜晚将其圈养。在畜类中,山羊较多,一般牧放到山坡草地上。羊一般在年节杀吃或用于祭祀。习惯上,羊用于祭祀的情况较多,售卖的情况很少。

黄牛,一般用来耕坡地;同时也具有"婚以牛聘"之用,如以黄牛作为评定女子身价的标志。

第四章 生产生活习性与信仰风俗

一般不售卖黄牛,也不宰杀。

猪则用来年节和红白喜事时宰杀,也在大型祭祀活动时宰杀。

历史上,怒江地区的傈僳族,祭祀杀牲不少,严重影响农户的生活。

宁蒗县的傈僳族饲养的家畜有牛、马、骡、羊、猪等。其中,黄牛和山羊占80%。习惯上,年节、祭祀时,主要宰山羊。黄牛主要用于役使和充当牵引力,同时又是买卖土地、婚娶中的交换媒介,以及祭祀的牺牲品。在傈僳族社会生活中,以占有黄牛多寡作为区分贫富的标志。

巍山县的傈僳族,主要有黄牛、水牛、山羊、马、骡、驴、猪等家畜。其中,黄牛、山羊较多。习惯上,傈僳族视家畜为"家宝",当成"半个家业"。放牧场地为自然草山。每户人家都会安排一人放牧,这位放牧人员多为半劳动力的老人。每天吃过早饭,把自家的牛、羊、猪、马、骡、驴赶到放牧场地,在傍晚时,将其赶回家并关进畜圈。黄牛主要用于耕地,水牛主要用于耕田;山羊、猪,主要在年节或红白喜事时宰吃,也售卖;而马、骡、驴用于运输。傈僳族分布区域,具有较好自然条件,因此,牧畜存栏率比附近的其他民族高。

广泛流传于怒江傈僳族聚居区的叙事长诗《牧羊歌》《牧羊调》,展示了傈僳族游牧生产生活和社会风俗。

三、狩猎习性

傈僳族是一个喜猎、善猎的民族。历史上,他们以善猎著称。明景泰《云南图经志书》卷四说:"有名栗粟者,赤罗罗之别种也,居山林,无室屋,不事产业,常带药箭弓弩,猎取禽兽。"《南诏野史》下卷"南诏各种蛮夷"云:"力步,即傈僳,衣麻披氀,岩居穴处,利刀毒矢,刻不离身,登山捷若猿猱。……尤善弩,每令其妇负小木盾前行,自后射之,中盾而不伤妇,从此制服西番。"这些简短的文字,记载了傈僳族狩猎、喜猎、善猎的特点。傈僳族男孩一般在七八岁就操弩习射,长大以后,他们几乎个个都是好射手。

傈僳族喜猎、善猎。在自然历法花鸟历中,

就有狩猎月（每年农历十二月）。这是傈僳族男子集中出猎的时期。这一时期的狩猎,多为集体出猎。

在长期狩猎的过程中,傈僳族形成了一整套狩猎工具、狩猎方法及猎物分配习俗。

(一)狩猎工具

各地傈僳族的狩猎工具,大同小异。怒江地区傈僳族的狩猎工具主要为弩弓、箭、竹矛、猎网、扣子、羊角号、长刀等。其中,弩弓、箭,是最主要的狩猎工具。

傈僳族使用弩弓狩猎的历史十分悠久。《中甸县志稿·种人》载:"俚苏(傈僳),喜猎,射则必中。""善用弩,发无虚矢。"

弩弓,由弩背、弩柄、弩弦、弩牙、弩机等部件组成。弩背是由坚实而富有弹性的岩桑木制作而成;弩柄是用坚硬的青冈栗木制成而成;弩弦是用麻线搓成;弩牙和弩机则是采用动物的骨片,经精工磨制而成。

傈僳族弩弓大小不一。大弩弓弓背长1.1米,只有533.4牛以上的拉力才能满弦,有150米的射程；一般弩弓弓背长0.9米，要超过355.6牛的拉力可拉满弦，有50米的射程。弩弓制作得十分精巧，是傈僳族男子们随身携带的武器和装饰品，被视为男性美和力量的象征。

箭。箭由竹片削制而成，其粗细长短，根据弩弓的大小而定。一般箭的直径约0.2厘米，长约30厘米。箭分两种：一种是箭头无药的普通箭，一般用来射杀山鼠、小兔等飞禽和小动物；另一种是在箭头涂抹药的箭，叫毒箭，专门用来射杀大野兽，如野牛、野猪等，同时亦作为武器用来射杀敌人。

除弩弓、箭之外，尚有猎网、竹矛、扣子、长刀等狩猎工具。狩猎的方法不同，便使用不同猎具。猎手们在禽兽经常出没的地方，设下地弩、暗箭、竹矛、扣子等，捕捉禽兽。

（二）狩猎方法

怒江地区的傈僳族猎手们出猎，主要猎取野牛、山驴、野猪、岩羊、羚羊、马鹿、麂子、獐子、狐狸、野金狗、野兔、猴子、野猫、虎等走兽及雉鸡、雪鸡、竹鸡、箐鸡等飞禽。

对于不同的猎物，狩猎方法也多种多样，有集体围猎与个人单独狩猎。支地弩、插竹矛，设置颈扣、足扣、腰扣、石板扣等，多为个人单独捕猎。集体围猎，一般是猎取大野兽。围猎主要靠驱使猎狗撵、追、赶野兽，猎手守卡、围堵，用大弩弓和铁头毒箭射捕；在箐沟、垭口安置大猎网，猎狗追撵，驱猎狗的猎人大声呐喊惊吓，将野兽驱赶入网内而捕获；将野兽驱赶、围堵到射手把守的垭口，让射手射捕。当野兽被猎狗追撵出来后，距离最近的猎手先射击。如未被射中，众猎手则四面包围，直至捕获。

这时候，吹响羊角号，表示已猎获野兽，并召唤跑散在各山头的猎伴们聚集到猎获野兽之地。猎手们燃起一堆火，烤了野兽的肝以祭祀猎神，然后猎手们分食。野兽的肚肠则用于慰劳猎狗。接下来，按传统的猎获物的分配习俗分配兽肉。

（三）"见者有份"

习惯上，傈僳族猎获野物，见者都可分一份

兽肉，称为"见者有份"。可以说，这是一种分配兽肉的原则。射中兽的猎手，或咬死野兽的猎狗主人和裹擒住野兽的猎网主人，分别获得兽头、兽皮、一支后腿。其余兽肉按"见者有份"的传统分配原则平均分配。凡获得野猪、野牛、山驴等大野兽兽头的猎手，作为一种荣誉，要邀集本村寨的猎手和家族男女成员，在自己家里煮酒、煮兽头，举行祭祀山神的仪式，并念咏祭词。举行祭祀仪式后，饮酒、分食兽头肉。将兽犄角悬挂于堂屋一精制的竹篾笆上，以家中所悬挂兽犄角之多少显示荣耀。其家庭被视为值得荣耀的家庭，备受社会和人们的敬重。

宁蒗县的傈僳族，在出猎前，猎手们集中在有狩猎经验的长者家中，进行占卜，以决定出猎地点和出猎时间。猎手们的狩猎工具主要有弩弓、火药枪、猎网、猎扣、弹杆、绳套、牛角号、海螺号等。狩猎方法主要是集体围猎。特别是猎捕凶猛的大野兽，需要依靠集体的力量。围猎时，射手负责堵卡子，形成一个较大范围的包围圈，

第四章 生产生活习性与信仰风俗

放猎狗的猎手驱使猎狗追撵野兽。当猎狗追撵出野兽时,驱使猎狗的猎手立即吹响牛角号或海螺号,并不时大声吼叫,为猎狗助胆,惊吓野物,将野物追向守卡的射手方向,让射手射击猎获。

猎获野物后,猎手们把猎获的野物放在一棵大树下,念咏祭词,祭祀山神,感激山神赐予野兽。祭祀仪式结束后,猎手们宰杀野物,将野兽头、蹄、胸内、尾骨割下,赏给射中野兽的猎手,以资鼓励。其余野兽肉,按"见者有份"的传统分配原则,平均分给猎手和在场的人员。

个人单独进行狩猎,随时都可进行。怒江地区的猎手们,大都单独狩猎,主要采用安置暗弩毒箭在坡上安置弹杆竹响梆。在坡下插竹矛、高桩设架滑器吊饵,在桩下插竹矛、造棚关捕等猎术,猎取大野物。猎手们还在树上设置树扣,在地上安置颈扣、足扣、腰扣、石板扣及植物凝浆,猎捕野鼠、百灵猫、野猫、野金狗、狐狸、野兔、竹鼠和雉鸡、雪鸡、竹鸡、箐鸡等小动物和飞禽。

宁蒗县的傈僳族猎手,在个人单独出猎时,

主要用弩弓、火药枪，猎取獐子、兔子等中小型野物。同时，也多采用安置绳套扣、马尾活套扣、安放闸板、石板等方法捕捉各种小动物和飞禽。

巍山县的傈僳族猎手，主要使用弩弓、弩箭、绳网、绳扣、马尾活套扣、火药枪猎捕各种走兽和飞禽。集体出猎，一般都在农闲季节进行。自行相约，三五人结队，背上简单行李和盘缠，领着猎犬，到较远的地方狩猎。猎获的野兽，多背到市场售卖，平均分配收入，唯兽皮归猎获者所有。个人单独出猎，一年四季都在进行。特别是玉米成熟季节，豪猪危害庄稼。猎手们安置地弩毒箭，或一早一晚出猎，一则保护庄稼，一则猎捕野物。猎获野物后，也都按"见者有份"的传统分配原则分配。这是傈僳族猎手们的一种美德，受到社会和人们的赞扬。

历史上，傈僳族较长时期处于游猎、游耕生产生活阶段。狩猎所获得的野物，是他们生活的重要补充。因此，狩猎在傈僳族社会经济生活中占有重要地位。著名长诗《打猎调》反映的就是傈僳族狩猎生活和风俗。

四、渔猎习性

渔猎,是傈僳族古老的生产方式之一。自古以来,傈僳族分布于金沙江、澜沧江、怒江三江流域及其支流的两岸河谷地带,又因江河中的鱼类繁多,一年四季都可捕取,所以具有着天然的渔猎条件。因此,傈僳族有着渔猎的传统,也很善于渔猎,几乎"家家有渔网,户户有怒弓"。据说,大小凉山傈僳族鱼氏族和怒江地区的傈僳族鱼氏族名称,就是因为其擅长渔猎而得名的。

分布于各地傈僳族的渔猎工具及渔猎方法,都大同小异。

(一)渔猎品种

怒江地区的傈僳族,渔猎的品种主要有鲤鱼、鲫鱼、白腹鱼、草绿鱼、扁头鱼、长嘴鱼、夹盖鱼等。

(二)渔猎方法

主要采用竹竿钓捕、长绳钓捕、下扣钓捕、竹筏撒网围捕、大长网裹捕、手夹网夹捕等猎取方法,若在河里,则用细孔篾箩堵捞、鱼叉镖取与分河汊排水堵捞等猎术。[1]

宁蒗县的傈僳族，多聚居在金沙江和碧源河两岸。金沙江和碧源河中鱼类繁多，当地的傈僳族一年四季都可以捕鱼。因此，居住在这里的傈僳族非常喜欢捕鱼，也擅长捕鱼。其捕鱼工具和捕鱼方式也多种多样。主要有以下几种：

甩钩。在一根竹竿的顶端安放马尾绳，在马尾绳的末端分别接上5—8股蚕丝线，在每股线头拴上钩子和一坨铅坠。当发现游动的鱼群时，对准鱼群甩钩。

在夏季气候炎热之时，鱼群喜欢游到浅滩。这时节，渔人坐在岸上，用竹钩杆垂钓。

鱼筍捕鱼。用竹篾片编制一个圆锥形的竹篾箩，将锥体尖端封住，从开口处向里伸过一倒钩刺式漏斗。当捕鱼时，在鱼筍内放入饵食，再拴上一块石块，将其沉于江中或放入鱼群经常游动的河汊里，等待鱼觅食钻入鱼筍。

---

[1] 参见怒江州民族事务委员会、怒江州州志编纂委员会编：《怒江傈僳族自治州民族志》，云南民族出版社1993年版。

第四章 生产生活习性与信仰风俗

用网捕捞。用网捕捞的方法有多种；一种是江中捕捞，用一张 3 米余长、2 米宽的渔网，捕捞江中游动的鱼群。此种捕捞多用于捕捞金沙江中的鱼。另一种是拦河网，用长 16 米左右的网，在网脚下坠铅砣，在网上挂浮漂在夜间拦于河流平缓处，早上去起网取鱼。

平河岔捕鱼，一般发生在夏季雨水到来之前。寻找一条可以分流的河汊，先用山草和石头将河汊原来的流向堵截，改变流水方向。这样，原来河流中的水会变浅，鱼因不能游动而被抓获。

钗鱼。每到夏季气候炎热之时，河里的鱼在晚上都会游到平缓的沙滩上来。渔人身背鱼篓，持着鱼叉，拿着火把找鱼。当找到鱼时，渔人便用鱼叉刺鱼。

砌鱼窝。冬季到来之前，渔人便沿着河边用石头砌上几十个鱼窝，供鱼冬眠之用。砌鱼窝时，先找好位置（一般都在旋涡边上），用十多块石板间隔成迷宫状鱼窝，上面仍用石板覆盖，石板上搁放一层鹅卵石，鹅卵石上再铺上一层细沙，然后四周留下2—3个门,供鱼群出入,其余全部用沙石堵好。在冬季取鱼时,先将几个门堵好,然后用山草和石头围着鱼窝堵塞成一个圆圈状,当鱼不能四处逃窜时,便开始抄开鱼窝,将鱼围在中间抓捕。

捞鱼。一般在夏季涨水时捞鱼,也称为"浑水捞鱼"。涨河水时,傈僳族人便用细麻绳编制而成的大网兜,顺着河边捞鱼。捞鱼时,先用圆形的竹竿撑开网兜口,再将竹圆圈拴在一根细长的木杆上。人站在岸上,伸出网兜,不断在旋涡子水上慢慢捞取,顺着河边边捞边走,一天能捞取好多鱼。

除以上捕鱼方法外,还有徒手摸鱼、掏鱼洞、刀砍鱼、浑水摸鱼等等,在这里不作一一撰述。[①]

五、采集习性

采集,是傈僳族古老的生产风俗之一。傈僳族自然历法花鸟历,就包含"采集月"(七八月间)。

---

① 参见陈红光:《傈僳族风情》,云南民族出版社1996年版。

第四章　生产生活习性与信仰风俗

届时，人们就开始采集。采集与狩猎、渔猎一样，是傈僳族经济生活的重要补充方式。

（一）采集方式

采集生产，一般为单独进行，亦有约伴进山采集的。由于各地区傈僳族所处的自然气候不同，植物种类和生长的时间也不尽相同，从事采集的时间、所采集的植物也就有所差异。

（二）采集品种

在怒江的傈僳族聚居区，每年4—8月，为采集的季节。由于气候及自然环境优越，采集的品类繁多，主要有野山药、野百合、蕨菜、野葱、野蒜、野荞叶、野芹菜、竹叶菜、牛舌菜、野竹笋、鱼腥草、树头菜、葛根。除此之外，傈僳语称为"达格勒""脱巴投药""狂藜"的含淀粉的野生块根植物等有二三十种之多。此外，还普遍采集樱桃树果、金树子果、水麻树果以及数十种野生菌类。

采集，是宁蒗傈僳族的传统生产习俗，也是他们社会经济生活的组成部分。在采集的种类中，火草占有重要地位。每年各家各户都要派人上山采集大量火草，纺成线，织成麻布，供全家人穿戴之用。

此外，根据不同季节的物产，进行分类采集。采集的品种很多，主要有虫草、贝母、香菌、木耳、鸡、石花菜、雪茶等。通过传统的方法，对采集回来的物品进行加工后，除少部分留作家用或药用外，大部分出售或用于兑换其他所需物品。

（三）收养野蜂

收养野蜂，也是宁蒗傈僳族传统习俗。傈僳族人在院屋附近安置两三个木桶，两头开通，在木桶内喷上盐水，招引野蜂来做窝。另一种收野蜂的方法是观察野蜂飞往的方向，沿着方向寻找野蜂窝。一旦发现野蜂窝，就在竹篾箩内糊好牛屎，稍干时洒上一层盐水，将其放置于蜂窝旁；点燃一块干牛屎，用火烟熏蜜蜂。蜜蜂离开蜂窝，逐渐飞进竹篾箩里。待一窝蜂都爬进竹篾箩后，将竹篾箩带回家中，再用同样的办法，将竹篾箩里的蜂群熏进事先预备好的蜂桶中，然后用牛粪把蜂桶两头封起来（留出蜂出入的洞口）。这样，野

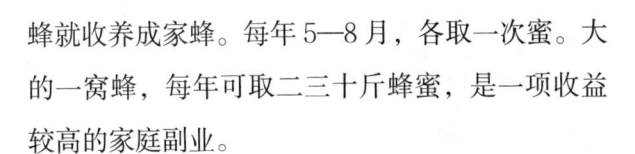

蜂就收养成家蜂。每年5—8月，各取一次蜜。大的一窝蜂，每年可取二三十斤蜂蜜，是一项收益较高的家庭副业。

怒江地区的傈僳族尚有采集蜂的习俗。傈僳族村寨里随处可见养蜂的蜂桶。同时，他们善于发现野蜂窝。当发现野蜂窝后，他们会带上竹筒去取蜜，还常常把蜜蜂轻轻地撮入竹篾箩里，带回家后，养在事先备好的蜂桶里。傈僳族擅长养蜂。据说，傈僳族蜂氏族就是因为他们擅长养蜂而得名的。

分布于巍山的傈僳族，由于自然气候比较优越，野生植物、菌类、药材等较为丰富。因此，一到采集时节，傈僳族人就上山采集各种野生植物、药材、菌类，将其作为家庭的一项副业收入。

采集的野生药材种类有防风、胆草、七叶一枝花、沙参、黄连、天麻、黄芪等。采集的野生菌类主要有蘑菇、木耳、鸡油菌、羊肝菌、牛肝菌、鸡𥖃等。采集的药材、菌类，进行初步加工、晒干后，除留足自家食用的部分外，其余的由妇女背到集市上售卖,这一项收入也较为可观。

采蜂,也是巍山地区傈僳族的一项采集生产习俗。采集的种类有蜜蜂、大土蜂、黄腰蜂、葫芦蜂、七里蜂、岩蜂等。

蜜蜂一般生活在树洞里,小部分生活在岩洞里。采集蜂蜜时,用斧子把树洞砍开一个口子,将蜂蜜取出。现今,一旦发现野蜂,多把山上的蜜蜂移到自己家的房前屋后,进行家养。养殖地点一般选在日晒比较充足的地方。傈僳族人家都有养殖蜜蜂的习俗,也很善长养蜂。多者养有20多窝,少者也有2—3窝。每年采集的蜂蜜除留足自家食用的部分外,其余都拿到市场上售卖,是一项收入非常可观的家庭副业。

大土蜂、黄腰蜂,一般生活于土洞里,有的生活在岩洞里。葫芦蜂、七里蜂,大都在树上做窝,有少部分生活于岩石上。采集这些蜂的最佳时期为每年农历七至九月。

在这时期,傈僳族男子都喜欢上山采集野生蜂。将蜂子拿到市场上售卖,也是傈僳族群众的

第四章 生产生活习性与信仰风俗

一项收入。

岩蜂生活于岩洞中或岩壁上,傈僳族人会采岩蜂的蜜,将其制造成黄蜡后,带到市集上售卖。

近些年,巍山地区的傈僳族男子学会把山上的大土蜂、黄腰蜂、葫芦蜂移到自家附近养殖。采取上山采集与自养相结合的方法,经济收入相当可观。现今,养蜂在傈僳族聚居区逐渐成了发展经济的一项产业。

民间长诗《找菜调》《捕蜂调》,就是集中反映傈僳族采集生产和习俗风尚的两部优秀作品。

巍山傈僳族聚居地区,是森林资源保护得比较好的地区,森林覆盖率达52%且森林覆盖率逐年上升。大面积的成材林、水源林、风景林、防护林得到有效保护。以种植泡核桃为主的林业发展很快,这既绿化了环境,又增加农民的经济收入。傈僳族农户中仅泡核桃收入一项达万元户的很多。傈僳族聚居区的海拔在1700—1800米之间,气候温和,雨量充沛,适宜树种生长,树的种类较多。用材树种有云南松、杉松、桤木、楝、枫、椿、楸、樱桃树等，还有油料树种、风景树种、防护林树种等。这些都是傈僳族农户经济收入的重要组成部分。①

生活习性

一、风格迥异的民居建筑

在不同地区，傈僳族的住房形式有所不同。怒江傈僳族自治州的傈僳族住房以干栏式竹楼为主，丽江市、楚雄彝族自治州、大理白族自治州的傈僳族则以土木结构房为主。中华人民共和国成立后，随着经济的发展，傈僳族人民的居住条件也得到了很大的改善。近几年来，有些勤劳致富的傈僳族人家盖起了瓦房、小洋房，住进了新居。现今，云南省各地的傈僳族人民的住房形式，基本有以下几种：

干栏式竹楼俗称"千脚落地"房。这是居住于怒江地区的傈僳族人民的基本住房形式。一般

---

① 参见《巍山彝族回族自治县民族志》，云南民族出版社2012年版。

第四章　生产生活习性与信仰风俗

建于雨季能躲避山洪和泥石流的山凹台地的向阳斜坡上。修建时，在斜坡上竖立几十根坚硬耐腐的粗木柱，在木柱距离地面约三米处钉上横木，保持平面，以铺盖木板或篾笆为地板，四周围上竹篾笆，在房顶覆盖茅草或杉木板。门前设有走廊过道和短木梯以供上下。屋内一般分隔为两间，外间为客房在房中设一火塘，在火塘上置铁三脚架或耐火的石条，将其作为烧水煮饭时支锅架，客人围火塘而坐。内间为主人卧室，外人一般不得入内。若子女结婚，则需另盖新居。有的人家将房屋面积扩大，父母住内室，子女住外室。有的人家在门前走廊的一边或房檐下，用篱笆围一窝棚，作为子女住房。

干栏式竹楼的特点是因地制宜，就地取材，省工省料，实用方便，隔五六年或七八年修盖一次。其优点是空气流通，防潮避湿，冬暖夏凉，适应怒江的气候特点。

按照傈僳族的风俗，干栏式竹楼须在一天内建成。主人备好建筑材料后，全村寨人员出动，一天即可盖成。风俗长歌《盖房调》生动形象地反映了建房的全过程。

木楞房是分布于滇西北宁蒗彝族自治县、兰坪白族普米族自治县、维西傈僳族自治县一带的傈僳族的主要住房形式。

木楞房,也称圆木垒墙房。这种房用圆木纵横相架作墙,呈井架式,上面覆盖以木板或石棉瓦,一般门楣低、门槛高,无窗户。房屋布局因地而异。这种木楞房的特点是暖和、坚固。但建此种房耗费木料较多,也难以防火。同时,因不设窗户,屋内光线阴暗。

因此近十年来,很多地方已由圆木垒墙改为泥土筑墙,由木板盖顶改为瓦片盖顶或石棉瓦盖顶。

闪片房是居住在楚雄彝族自治州且与彝族杂居的傈僳族住房形式之一。显然,此种建筑形式受到了彝族住房形式的影响。这种住房的墙壁用泥土舂成或由竹木篱笆排扎而成,在屋顶覆盖扎木板或压上石板。这就是过去文人笔下的"竹篱板舍"。清代彝族著名诗人鲁大宗诗中亦有"板屋秋风梦不成"。在过去,这种"闪片房"建筑较为普遍,而如今,随着经济的发展,已很少见。

土墙房是居住于怒江地区泸水市六库、上江、鲁掌一带和福贡县、贡山县沿江一带地势比较平缓的傈僳族的住房形式。其修建过程一般是先挖平地基,在砌好石脚后,在四周舂上土墙,以墙抬梁,用茅草或木板覆盖屋顶。这种房一般用篱笆分隔成两间,一间开一扇门,内间为父母卧室,中间设一火塘,外间为子女卧室。近几年来,这种房大多以石棉瓦或瓦片盖顶。

二、风味饮食

怒江傈僳族自治州主产玉米、水稻、小麦、大麦、荞子、高粱、粟米等粮食作物。这些粮食作物成了怒江地区傈僳族的主食。

其中,最基本的主食是玉米。傈僳族主要是煮玉米瓣稀饭或玉米瓣干饭,也会蒸玉米面饭、玉米面粑粑和玉米糕;普遍有爆吃玉米花的习惯。玉米瓣稀饭一般是将泡水后的干玉米放在木碓中舂成玉米瓣，淘净后，掺入四季豆及其他菜蔬，用栗柴火煮三四个小时，便可食用。吃玉米瓣稀饭时，配以漆蜡、核桃仁、辣椒、水豆豉、盐等炒成的佐料。玉米的表皮去除后，吃起来味道十分细腻和香甜，若加上腊肉或其他野味，味道就更鲜美。

副食品肉食有猪、牛、羊、鸡、鱼和猎获的各类飞禽走兽。蔬菜主要有青白菜、蔓菁、萝卜、芋头、洋芋、红薯、南瓜、冬瓜、黄瓜、四季豆、豌豆、黄豆、绿豆、鸡豆、青豆、竹豆、白芸豆等。调味品主要有辣椒、山胡椒、花椒、生姜、葱、蒜等。甜食主要有蜂蜜、蔗糖。

傈僳族男女都喜欢喝酒、吸草烟。一到秋后，家家户户都要煮酒。酒有两种，一种是去除杂质的玉米和高粱混合或玉米、高粱、鸡足稗、旱谷、青稞、大麦分别单独煮酿、蒸出的烧酒，傈僳语叫"布知"；另一种是玉米瓣和籼米混合、高粱和鸡足稗混合或分别煮熟酿成，用适度温水浸泡后，拿勺子、竹篾藤条漏斗按挤过滤的"杵酒"，即水酒，

第四章 生产生活习性与信仰风俗

傈僳语称"楞知"或"牒知",味道香美醇正。怒江地区的傈僳族在同客人饮酒时,不分男女,喜欢喝合杯酒(也称"同心酒"),傈僳语叫"伴多"或"双杯打",即两人共捧一碗酒,互相搂着脖子,脸贴脸,嘴挨嘴,主客双方同时喝同一碗酒。吸草烟也是傈僳族人的一种嗜好,一般是用刀将自种的"兰花烟"叶切成丝,晾干后,用自制的金竹根或木质小烟锅来抽。他们认为,烟不仅带给人一定的刺激,抽烟所形成烟雾还能防止蛇害和驱赶蚊虫。

怒江地区的傈僳族普遍喜欢煮食小猪。贡山县丙中洛和迪麻洛一带的傈僳族受藏族的影响,喝酥油茶。

丽江市华坪县的傈僳族喜食火烧肉。不论猪肉、牛肉、羊肉和兽肉,傈僳族人都喜烧食。每当逢年过节,家人围坐火塘,均分畜肉、腰花、肝,抹上盐烧烤而食。火烧肝子是傈僳族敬待客人的上等食物。烧食后剩余的大部分火烧肝子用锅煮食。常习惯把肥膘的猪肉切成薄块,放冷水煮食,当地叫"漂汤肉"。傈僳族把这种漂汤肉形容为"罗竹纳胜杂查",意为像吃豆腐一样。同时,喜制干酸菜,把较老的青菜砍碎洗净,放入锅内煮一会儿,捞出后,在水缸内腌3天左右;待叶子变成黄色,出酸味时取出;在阳光下晒干后,扎成小把存放。这种干酸菜常年可食,煮食牛羊肉时,放一把干酸菜,味美可口。

三、多彩服饰

服饰,是一个民族风俗习尚最为鲜明的表现之一,亦是区分民族属性的主要标志之一。

历史上,傈僳族"好五色",其传统服饰以蓝色或黑色为基调,配以红色、黄色、绿色和白色布块,并缀以彩线花边。妇女更有彩绣的包头、围腰、腰带、珠饰等多种饰物。

傈僳族服饰因地而异,各有不同。就怒江地区的傈僳族而言,北部和南部的服饰也略有差异,但都具有鲜明的地区和本民族特点。

傈僳族妇女服饰美观大方。贡山县、福贡县一带的傈僳族妇女,一般头戴由贝壳、料珠串成的"欧勒"帽;身穿右衽收腰的短衫夹袄(短衫一般为浅蓝色、浅绿色和白色,夹袄则都是深蓝色、深红色、黑色等,色彩对比十分鲜明);胸前常挂着贝壳、料珠、银币、玛瑙串成的胸饰(傈僳语称"拉本里底");下身着长及脚踝、具有很多裙褶的裙子。而兰坪县、泸水市一带的傈僳族妇女不穿长裙,不戴头饰,穿右衽上衣,着长裤,在腰间系一小围裙、青布或黑布包头,显得十分朴素和雅致。

傈僳族男子服饰差别不大,一般用黑布、红布、蓝布包头,身着麻长衫(夏着短衫)、宽版裤,长至膝下。成年男子一般都喜欢左腰佩长刀或砍刀,右腰挂箭包(箭包有竹筒或熊皮两种),显得十分英俊。有些富裕的年纪较大的长者,还爱挂珊瑚或玛瑙耳坠。

丽江市华坪县、永胜县是傈僳族小聚居区。华坪傈僳族有黑傈僳与花傈僳之分,其服饰也各异。除温泉黑傈僳男女服饰与当地汉族、彝族相同外,花傈僳有自己花一般美的服饰。妇女穿斜襟银泡领上衣右侧扣纽,胸襟、领口、袖管及脚边均用红色、黄色、蓝色彩线绣四五道花纹图案；下身着12块约0.17米宽的土织麻布拼缝而成的白洁裙，裙管绣四道花纹图案，裙面用150至200根毛织红线和白布条相间坚压缝成；头戴人字交叉缠成的五棱形黑布包套，套沿垂满闪光的白玉亮珠和彩须；在脖颈和腰间挂满串珠子；在腰系自织羊毛大红腰带，腰左右两侧挂四块精绣各种山水图案的飘带；手戴玉、银、铜镯，耳缀银环，爱穿青布鞋。

男子穿左斜襟长衫衣，胸襟、领口、袖管绣一道边纹，身上外加一件羊皮褂衣，下穿至膝下的大管裤，腰系红带，头带黑布色套。

中华人民共和国成立以前，傈僳族衣物多为自织的麻布，很少见棉布。而现在傈僳族衣物的布料有呢、绒、绸、棉布、化纤等材质。中华人民共和国成立以前的傈僳族男女均跣足，而现今穿胶鞋、布鞋、皮鞋、塑料鞋已很普遍，这反映了傈僳族人民在社会主义制度下，在党的领导下，生活水平有了明显的提高。

第四章 生产生活习性与信仰风俗

筒帕是傈僳族人民的日常生活用品,既可装物,又是工艺装饰品;用棉线、绣花线或毛线织成各种色彩的图案,色泽艳丽,美观大方。

信仰风俗

一、自然崇拜

信仰,是一种心理民俗。信仰即信服某种观念教义或某种主义,并以之为思想行为之准则。它表现为心理活动和信念上之传承,是以信仰为其精神核心之心理民俗。

历史上,傈僳族主要是信仰原始宗教。原始人类自发信仰原始宗教,人类以"万物有灵"观为其精神支柱。在他们的观念中,凡有生命之物皆有灵魂,而无生命之自然物,诸如山、石、水、革、木及日、月、星、辰等,也都有灵魂。

傈僳族相信灵魂存在,灵魂不灭。在他们看来,人活着是因为灵魂附着肉体,人死后,灵魂则与肉体永远分离。因相信灵魂,傈僳族还认为人死后,其灵魂即变成鬼魂。鬼魂既能加害于人,又能帮人免灾。因此，他们把灵魂当成神秘的依赖对象而加以信奉、崇拜。由此，傈僳族民间盛行招魂之风俗。

与浓厚的原始宗教信仰相对应，在傈僳族社会中，巫术极为盛行。几乎每个村寨都有一两位巫师，他们被认为是人与神灵的沟通者。根据巫术的高低及不同职能，巫师分为"尼扒""尼玛""刻扒""必扒"等。"尼扒"巫术较高，主要职能是主持祭祀仪式、卜卦、念经、驱鬼等，社会地位较高，有的"尼扒"本身就是村寨头人。"尼玛"的职能与"尼扒"相同。"刻扒"的巫术较高，据说其身上附有杀魂恶神，故不受人欢迎。"必扒"的巫术低于其他巫师，只能替人卜卦、杀牲驱鬼，社会地位也较低。有的"必扒"能歌唱与讲述本民族的民间长歌，是本民族传统文化的传播者和继承者之一。

傈僳族民间流行的卜卦有签卦、刀卦、贝壳卦、手卦等十余种。人们患病后，便会请巫师卜卦。确定原因后，便会杀牲煮酒以祭祀。

第四章　生产生活习性与信仰风俗

巫师是神圣祭坛的主持者。傈僳族的各种原始宗教祭祀仪式，通常由巫师来主持。

傈僳族认为，自然界的万事万物都具有灵魂，日月、星辰、山川、河流、树木等都是人们的崇拜对象。其中，最主要的是天神崇拜、山神崇拜、猎神崇拜。

（一）天神崇拜

天神，在傈僳语中称为"乌萨"，是自然神灵中至高无上的神。维西县的傈僳族除出征祭祀乌萨外，每年都要举行一次盛大的祭祀乌萨活动。祭祀时，必须杀一头牛和一只鸡（如果用公牛，则鸡必须是母鸡；反之，如果是母牛，则杀公鸡）。祭物还有松、白杨、紧竹、荆竹各一枝，祭毕，则将乌萨神送回上天。著名古典史诗《祭天古歌》，就是举行祭祀乌萨仪式时歌吟的古歌。

（二）山神崇拜

山神，在傈僳语中称为"米司尼"，是傈僳族最为信奉崇拜的神灵之一。他们认为，山神主宰自然界的一切，若遇自然灾害，则要祭祀。如玉米花开时节遇风灾，傈僳族人会举行祭祀山神的宗教仪式。祭祀仪式由巫师"尼扒"或氏族长者主持。主持者迎风站立于地头，手端一碗酒，一边以树叶蘸酒洒向四方，一边咒语、祈祷词。

（三）猎神崇拜

猎神，在傈僳语中称为"划尼"，是傈僳族猎手们最崇奉的神灵。他们认为，猎神是猎艺非凡的神灵。祭祀猎神，猎神就会保佑猎手们射中野物。因此，每当集体出猎，傈僳族人都要举行祭祀猎神仪式，并在仪式上歌咏《猎神调》。

二、图腾崇拜

图腾崇拜，是氏族制度下许多原始民族所共有的一种特征，是氏族集团用以象征直系血缘亲族与划分氏族界限的神物和标志。

图腾崇拜是多神崇拜，尤其是动植物崇拜与血缘观念相结合的产物，是人们幻想超自然的力量与超社会的力量相结合的产物。多神崇拜是对"物灵"的崇拜，而图腾信仰是对"物化人灵"（将人兽化或植物化）的崇拜。在图腾信仰中，人们用与自身关系密切的动物、植物来解释本氏族的来源，认为本氏族与某一种动物、植物有血缘关系，或认为某一种动物或植物能保护氏族。因而，这种动物、植物作为氏族的徽号和保护神，受到敬仰、膜拜。

傈僳族氏族图腾有虎、熊、猴、羊、蛇、鸟、鱼、鸡、蜜蜂、荞、麻、茶、竹、柚木、霜、火、犁、船等二十多种。民间关于各种氏族图腾有种种传说。

（一）虎氏族的传说

相传，有一女子上山砍柴，遇到一只老虎。老虎变成一位青年男子，与女子生下一个儿子。这个儿子长大后，将虎（腊）作为自己的名字。另一说，老虎变成一位青年男子，与女子成婚，所生下的子女就成为虎氏族（腊扒）。凡虎氏族的成员，上山不猎虎。据说，虎也不咬虎氏族的成员。再一说，虎氏族的祖先拾到一张虎皮，将其做成衣裳，给孩子穿，之后就以虎作为他们氏族的名称。

（二）荞氏族的传说

相传，荞氏族的祖先刮木必里无子，接来一

个哑巴当养子。刮木必里每天都让哑巴上山砍柴。哑巴有一把铜斧，他用这把铜斧砍柴，很快便能砍完三背柴。刮木必里发现后，觉得奇怪，就将哑巴的铜斧偷走，并拿去砍柴。他听见树内有小孩的哭声，用铜斧将树砍开，得到了一个小男孩，并将其收为养子。据说，这个养子生了七子。这七子便成为荞氏族。另一神话说，古时有一女子，因食荞而受孕，生下的后代就成为荞氏族的祖先。

（三）竹氏族的传说

传说，竹氏族的祖先是从竹筒里出来的，号称"竹王"。竹王的后代就成为竹氏族（马打扒）。竹氏族成员把"竹"作为自己的姓氏。

（四）熊氏族的传说

相传，古时有一姑娘上山找柴，碰见一只大公熊。公熊向姑娘走过来，姑娘吓得昏倒在地上。待姑娘苏醒过来，公熊已变成一个英俊的小伙子，与姑娘结为夫妻。他们生下一个儿子。因为这个儿子是熊的后代，所以他就成为熊氏族的祖先。据说，熊不抓咬熊氏族的成员，熊氏族的成员也

第四章　生产生活习性与信仰风俗

不猎取熊。

(五)鸟氏族的传说

相传,古时有一对恩爱夫妻。一日,妻子生了小孩,丈夫无食物给妻子吃,心中不忍,想给妻子吃点鸟肉,便上山打鸟,可一连三天都未打获一只鸟。为此,他非常悲伤。

这事感动了鸟王(神鸟)。从第四天起,鸟王每天让他猎获鸟,夫妻俩非常高兴。在他们的孩子满月这天,丈夫对妻子说:"我们的孩子是吃鸟肉成长的,他长大了以后,就让他成为鸟氏族吧!"这样,这孩子长大以后就成了鸟氏族。

(六)蜂氏族的传说

相传,蜂氏族(别扒)是因该氏族成员善于养蜂而得名。氏族成员把"蜂"作为自己的姓氏,并把蜂作为氏族的象征。至今,凡蜂氏族的成员都喜欢养蜂,也善于养蜂。

(七)鱼氏族的传说

据说,鱼氏族(旺扒)是因氏族成员极善于捕鱼而得名。氏族成员把"鱼"作为自己的姓氏,并把鱼作为本氏族的象征。凡鱼氏族的成员都善于捕鱼。

（八）麻氏族的传说

传说，麻氏族（直扒）是因该氏族成员善于种麻和织麻而得名的。氏族成员把"麻"作为自己的姓氏，并把麻作为氏族的标志。至今，凡麻氏族的成员都善于种麻和织麻。

三、祖先崇拜

父权制的确立和私有财产出现后，就需要确定和巩固血统以保证财产继承权。这时，图腾崇拜逐渐向祖先崇拜过渡，"物化人灵"的崇拜让位于对"人灵"（祖先）的崇拜。

从图腾崇拜发展到祖先崇拜，是生产力发展、社会进步和人类认识发展的产物。在图腾崇拜阶段，由于生产力低下，人们认为动植物高人一等，人由此受其保护，因此动植物受到敬仰、膜拜。随着生产力的提高、认识的进步，人类终于认识到自己比动植物要高出一筹了。于是，崇拜的对象从某种图腾渐渐转向氏族祖先。从图腾崇拜发

第四章 生产生活习性与信仰风俗

展到祖先崇拜,是人类社会的一大进步。

傈僳族祖先崇拜产生于母系氏族社会向父系氏族社会过渡的时期。在傈僳族的观念中,祖先能够一如生前对子女的爱护,庇佑后代繁荣昌盛,降福子孙兴旺发达。因此,人们亲祖敬祖。大年三十举行接祖活动,并歌吟《接祖歌》:

>一年十二月,
>
>一月三十天,
>
>我的祖先们,
>
>我的祖辈们,
>
>皇帝算年年到了,
>
>傈僳数月月满了。
>
>新的一年来到了,
>
>新的一月来临了,
>
>请你们回家探子孙,
>
>盼你们进门大团圆。
>
>我要拿出刚收的大米,
>
>烧着最好的松香,

取出醇香的桃花酒，

杀死肥胖的年猪，

欢欢喜喜度新春，

愉愉快快过新年。

祭祀祖先，需供奉一碗酒、一碗饭、一块肉。如果兄弟未分家，由长子主持祭祀；如果兄弟结婚分居，则各家都要祭祀。祭祖先时祷告：

我们一年一次一日一次，

自己不吃，先祭给你们吃。

求你们保佑我们，

别让鬼来捉走我们的魂，

使我们过好日子，

人口平安，

牲畜多起来，

粮食多起来，

运气好起来。

第四章　生产生活习性与信仰风俗

傈僳族崇拜祖先时,还会举行扫墓仪式。扫墓一般在春节前和清明节进行。由家族长老或请巫师"尼扒"主持仪式。仪式上吟唱《扫墓歌》:

人死变成鬼,
变成茅草蓬,
变成酸角根。
我们这一群,
我们这一窝;
一年长一岁,
十年长十岁;
年年来扫墓,
月月来祭祖。
我的祖先们,
我的祖辈们;
能吃尽量吃。
能喝尽量喝;
你们吃饱了,
你们喝够了;

我们才能吃得饱，

我们才能喝得足。

　　崇拜祖先是丽江市华坪县、永胜县傈僳族最普通、最虔诚的一种崇拜。人们认为老人死后，其灵魂不死，可以造福家人。故设神龛供奉祖先，不能任意搬动神龛。除祭祖节日外，逢年过节时，也要对神位献酒肉。祖先神位的神龛安放在堂屋的左右上角，男放左边，女放右边。除逢年过节祭祀祖先外，还会在"祭祖节"专门敬献祖先。

第五章　自然历法与节庆节日

自然历法

自然历法,是傈僳族的独特历法。

怒江地区的傈僳族,习惯上采用自然历法。傈僳族自然历法有两种:一种是花鸟历,另一种是月亮历。花鸟历采用得较为普遍。

花鸟历。历史上,傈僳族分辨季节、气候,全凭人的感觉,借助对某些事物的直观印象,如观察山花开放、山鸟鸣转、大雪纷飞等自然现象的变化,将其作为判断生产节令的物候。傈僳族习惯于把一年四季划分为花开月(三月)、鸟叫月(四月)、烧火山月(五月)、饥饿月(六月)、采集月(七八月)、收获月(九十月)、煮酒月(十一月）、狩猎月（十二月）、过年月（一月）、盖房月（二月）等十个节令。

福贡县的傈僳族习惯将一年四季划分为织布月、新生月、雷雨月、布谷鸟叫月、砍火山月、烧火山月、栽秧月、盖房月、撒荞月、收割月、煮酒月、过年月等十二个月。

月亮历。贡山县的傈僳族习惯使用一种根据月亮的圆缺规律来划分季节的自然历法，叫月亮历。月亮历将一年划分为春耕月、种植月、薅锄月、撒荞月、秋收月、狩猎月、煮酒月、过年月等八个季节。

自然历法，在傈僳族长期的生产生活中，发挥了积极的作用。

中华人民共和国成立后，傈僳族已采用与汉族相同的历法，但民间习惯上仍有花开月、鸟叫月、收获月、煮酒月、过年月等叫法，一般老年人还习惯以自然现象的变化作为进行生产的标志。

第五章 自然历法与节庆节日

节庆节日

纪庆节日，是一种综合性的文化现象，其内容包罗万象。例如重大的纪庆节日，是一种包含政治、经济、生产、生活、宗教信仰、文化艺术、社会交往、民族心理等方面的社会精神现象。虽然节日风俗是人为建构出来的，但正因为人们对其内容不断加工、丰富，最终才成为民间不断相沿、传承的民族传统节日。

傈僳族的纪庆节日有阔时节、刀杆节、火把节、澡塘会、拉歌节等。

阔时节。"阔时"，是傈僳语音译。"阔"为"年"的意思，"时"为"新"的意思，全意即为"新年"。历史上，怒江地区的傈僳族主要以对物候的观察来决定过年的时间，因此没有统一、确定的日期，一般在农历十二月初一起到次年正月中旬这段时间内。这时节，正是怒江两岸樱桃花盛开季节，即是"阔时节"。

1990年，《怒江傈僳族自治州条例》规定，将每年的农历十二月二十日定为州内傈僳族一年一度"阔时节"的法定日。

阔时节,是傈僳族一年一度的传统节日。节前,青年人在村头寨场上扎彩门,安排活动场所。在广场中央立起一根高高的旗杆,旗杆上挂有红白相间的两色彩旗,旗上画有弩弓与箭等标志。人们用椎栗树枝扫干净房里屋外,边扫边念祛除不祥的祭祀辞。扫完后,在家宅内竖青松(四季常青的松树象征安康长寿)称"栽定年松",并在宅内撒一层松毛。家家户户还要舂糯米粑粑、籼米粑粑。每家都将第一块舂出来的籼米粑粑黏少许在桃树、梨树等果木上,以祈来年风调雨顺、五谷丰登。在节日期间,能歌善舞的青年男女要赛歌比舞,挨家挨户去拜年,每到一家便跳舞、弹琴、吹笛子、吹口弦,以示祝贺。主人敬酒,发糯米粑粑和瓜子,以示酬谢。在节日的第三天,举行射箭活动。将一块糯米粑粑和一块猪肉固定在一根木头上,射手在百步之外用弩弓射击。每位在场者射三箭。若射中肉,则预示当年狩猎丰

第五章　自然历法与节庆节日

收、六畜兴旺；若射中糯米粑粑，则预兆粮食增产；若射不中，则会视为不吉祥。在节日的第四天，各家各户要用糯米粑粑、油炸粑粑喂耕牛，以谢其一年到头为农家耕耘之劳。

民间有关于"阔时节"来历的传说。

相传，在古时候，人类遭遇特大洪水袭击。洪水过后，地上五谷被毁，人畜死伤殆尽，只幸存了兄妹二人。为了繁衍后代，天意要兄妹二人婚配，兄妹只好遵照苍天的旨意结为夫妻。兄妹成家后，两人开渠引水，拓荒为地。但就在春播的时候，他们寻找不到谷种。正在这时，一只黄狗向玉帝讨来五谷献给兄妹二人。人们为感激狗，铭记兄妹二人的艰辛创业，就把每年农历十二月到次年一月这一时间段定为"阔时节"。在这期间，人们酿酒、宰鸡、杀猪、舂粑粑。

按照傈僳族的习惯，无论谁家舂出第一块粑粑，都必须先给狗吃。然后，人们才边品味节日佳肴，边聚集在一起载歌载舞，欢度节日。

丽江市宁蒗彝族自治县的傈僳族也过传统节

日"阔时节"。在农历腊月，家家户户酿过年酒。民间有"酒好事吉"之说，所以人们非常看重年酒的酿制。若煮的酒度数高，出酒量好，就认为有吉祥如意之好兆头，来年五谷丰登、六畜兴旺、万事如意。在腊月二十四日这天，打扫房屋，将火塘四周及锅庄石重新整理干净后，煮茶祭献锅庄石，在锅庄石上放上新的五谷杂粮和烟酒糖茶及各种肉食。祭毕，全家人围坐在火塘边，品尝新酿的过年酒，再将酿好封存的一坛坛甜酒打开，轮流品尝后，一一封存起来。直到大年三十晚上，祭献完天地祖先神后，才能打开饮用。

澡塘会，是傈僳族的传统节日。在怒江州六库城北登梗、玛甫矣都，有大小十八塘（也有说十六塘）天然温泉群，被誉为"名峡十八汤"。泉水清澈见底，泛动着珍珠般水珠，散发出淡淡的硫磺味，是最适宜人们沐浴的场所。

李根源、刘楚湘纂修的民国《腾冲县志稿》记载："泸水前后之傈僳，每于春节时，男女老幼群往温泉沐浴。并置酒歌蹈以为乐，凡三四日而止，

第五章 自然历法与节庆节日

名曰澡塘会。"

据怒江傈僳族社会调查资料和民间相传,早在一百多年前,就已形成了群众性的澡塘会。

澡塘会会期为正月初三至初六。在这一时节,怒江两岸樱花盛开,攀枝花树火红,山鸟争鸣,一派春意盎然。傈僳族人民素有"春浴"的风尚。届时,居住在怒江峡谷的傈僳族人民,扶老携幼,带着年节食物,背着野营的行装饮具,走十几公里甚至上百公里路,赶赴澡塘会。他们在离澡塘不远的地方搭起竹棚、帐篷,或寻找合适的岩洞住。他们一般会住四五天。有的每天洗浴五六次之多,因为人们认为只有这样反复洗浴,才能消除疾病、增强免疫力,才能有充沛的精力投入新的一年的劳动生产。有的人还把"名峡十八汤"神化为"圣水",认为年末岁首到此沐浴,能洗尽过去一年的秽物晦气,并在新的一年大吉大利,万事如意。

在聚会期间,还自由地组成无数个赛歌场、对歌场,进行赛歌、对歌活动。还有上百人携手围成圈,一边跳舞,一边饮酒唱歌,通宵达旦。

澡塘会,如今也是各族人民进行商品、文化交流的场所。商业部门在这里组织物资交流会。文艺团体在这里为群众演出,为年节和澡塘会增添了欢乐的、欣欣向荣的气氛。

关于澡塘会的由来,在傈僳族民间有个优美的传说。

相传,在很久以前,在怒江西岸的高黎贡山脚下,有一个依山傍水的小平坝,坝上住着一对姐妹。姐妹俩从小聪明伶俐,能歌善舞,心地又十分善良,常常用歌声安慰穷苦乡亲,减轻他们的痛苦。穷苦乡亲也很喜欢姐妹俩,亲切地称姐妹俩为"尖姑娘"姐姐、"团姑娘"妹妹(因为姐姐是瓜子脸,妹妹是月亮脸)。每天傍晚,乡亲们都来到坝上,和姐妹俩尽情地欢歌跳舞。这情景被天女看到了,出于嫉妒,让天神把姐妹俩变成"尖山"和"团山"。姐妹俩不屈服,"尖山"往上长,要刺破青天;"团山"往下伸,要堵住怒江淹没天宫。天神大怒,在"尖山"顶上钉了九颗铜钉,罩上一口铜锅;在"团山"脚下钉了七颗铁钉,罩了

第五章　自然历法与节庆节日

一口铁锅。后来,两座山脚下流出两股滚烫的汤泉。人们都说,这就是姐妹俩胸腔里流出来的热血。

人们为了纪念姐妹俩,就在每年农历一月初一到初十间,穿着盛装,带着过节的佳肴美酒,从四面八方相继来赶澡塘会。人们自然组成上百个歌场,歌场既是各路歌手们赛歌比赛、大显身手的好场所,也为男女青年们谈情说爱、选择配偶提供了好时机。

臭水会,是丽江地区傈僳族的传统沐浴日,又称"桑那浴"。臭水会,一般在农历立夏节令前三天到后三天进行。丽江香兰河东村附近有一股常年喷涌不息的泉水,当地傈僳族称为"臭水",这水其实并不臭,只是一到每年的立夏节令前三天到后三天,会在发出叮叮咚咚的响声后逐渐变浑。据说,谁喝了这浑水,肠胃病就会好;用此水煮饭,饭呈红色,清香可口;用此水洗澡,风湿病一年内不会复发。因此,方圆一二十公里的傈僳族、彝族、白族、纳西族等民族也趁这机会来赶"臭水会"。

赶"臭水会"的人先在泉边挖一个长条形土坑，把一块块臭水浸蚀过的玄武石捡来后，放在土坑里，并用柴火烧红；在土坑上铺上木条、树叶、毯子，再打来泉水往上面一泼。这时，整个土坑蒸气腾腾，人们就脱掉衣裤直挺挺地躺在上面，直到蒸得大汗淋淋，才用毛巾擦干。三四天后，浑水逐渐变清，人们也就纷纷离去了。

刀杆节，是傈僳族传统节日。节期为农历正月十五日。

刀杆节的主要习俗就是表演"上刀山""下火海"。从点花、点刀、耍刀、扎刀、迎花、设坛、祭刀杆、竖杆、祭龙、上刀、折刀到"下火海"，有一套严格的程序和祭祀仪式，独具民族特色。

刀杆，是刀杆节的主要标志，通常为两棵挺直的松树，俗称金柱、银柱，亦称公柱、母柱，分别代表逝者和生者。刀杆上扎36把铁制的锋利长刀为梯，并在梯两旁装饰五颜六色的纸扎。刀杆竖立后，在牛皮鼓、锣、镲、唢呐等乐器声中，表演者开始表演"上刀山"。

第五章　自然历法与节庆节日

表演"上刀山"的人要双手握住刀口,赤脚踩在锋利的刀刃上,一级一级向上攀登,当顺利通过三道剪口到达杆顶端时,将天锁打开,取出五谷、钱币、米粑、鲜花,撒向沸腾的人群,并将彩门上的红绸带披在自己身上,唱起古老的祈祷歌,唱完后,又依次一级一级从杆上下来。

"上刀山"结束后,接着表演"下火海"。在唢呐和锣鼓声中,"下火海"者赤足踏入燃烧得通红的炭火,火星四射,围观的人们情不自禁地齐声喝彩。

关于刀杆节,相传,明代时,外族入侵云南边疆,朝廷派出兵部尚书王骥率兵前往御敌,与当地傈僳族人民团结战斗,很快驱逐了入侵者,保障了傈僳族人民安居乐业。王骥引导傈僳族人民保护森林,固定耕地,饲养牲畜,发展生产。他还教傈僳族青壮年习武练兵,随时准备抵御外侮。后来,王骥被奸臣害死,傈僳族人民无比悲愤。为了纪念王骥的丰功伟绩,傈僳族人民决心练好"上刀山"和"下火海"的武艺,保卫好边疆。

火把节,是傈僳族传统节日。主要是维西傈僳族自治县、巍山彝族回族自治县的傈僳族欢度火把节。节期为每年农历六月二十四日。届时,傈僳族人民欢度节日。

节日这天,巍山县的傈僳族都要杀一只大公鸡祭祀山神树,然后祭献祖先,全家老少吃节日饭。夜晚,各家各户到自家地里点燃火把,撒松番,火光四射,以示消除风灾、虫灾,预兆丰收。

农历六月二十四日,维西县的傈僳族杀鸡、宰羊,欢度节日。晚上,他们举火把,撒松番,烧"天虫",祈祷丰年。

在维西县的傈僳族中,流传着关于火把节的传说。相传,在蜀汉时期,维西县有一年大旱,太阳像一团大火,烧红了石头,晒枯了庄稼,野兽都躲起来了。人们以野菜充饥,奴隶主还来要粮要兽皮。人们祭天求雨盼救星,终于盼来了诸葛亮从四川带来的天将天兵。他们打败了奴隶主,得到了百姓的拥戴。诸葛亮用酒肉大米饭盛宴款待各村寨的头人,得知这里的人不会种稻谷,就

第五章　自然历法与节庆节日

派人回四川调运稻种,又派士兵教大家开田引水种稻谷。一天深夜,运粮的人马来了,但路上野兽多,还有瘴气,行走困难。诸葛亮就让每人举一火把以迎接队伍。火把像一条条火龙,驱散了瘴气,吓跑了野兽,接回了一袋袋稻种,维西从此开始种植水稻了。这天是六月二十四日,之后就定为火把节。

拉歌节,是傈僳族传统节日。流行于云南陇川、盈江等地。每年农历正月初五至初六日举行。节日前夕,人们便开始忙碌,用青翠的松枝和艳丽的彩纸,把跳嘎场装扮一新。在节日当天,人们身着盛装,从四面八方汇聚到一起,当地的汉族、拉祜族、景颇族等民族也纷纷前来助兴。在白天,主要活动内容为爬杆、打秋千、射弩、射箭、高跷竞走等;在夜晚,人们便欢聚在跳嘎场上载歌载舞,尽情欢乐,往往通宵达旦。

收获节,是傈僳族的重要节日之一。怒江地区的傈僳族,每年农历九月至十月下旬举行收获节活动。收获节也称"尝新节""新米节",傈僳语称"杂息杂",也译为"杂实杂"。

当新谷、玉米开始收获时,家家户户煮酒尝鲜。男女老幼聚集在村寨广场,高烧篝火。老人弹琵琶、月琴,边唱边跳,讲述远古的历史;青年男女则围成圆圈集体跳舞,边跳边饮水酒,歌舞达旦,尽欢而散。

民间流传有收获节的传说。相传,古时候,黄谷堆积如山,遍地都是粮食。播下一种谷物,能长出三种不同的粮食,人们吃不完、用不尽,日子过得很富足。这一切被天王看到,便产生了坏心,想将粮食全部收回天上,一颗种子也不留下。正在这关键时刻,通人性的狗游过河,追到天边,咬下三颗种子。主人小心翼翼地播种到地里,一颗发十颗,一蓬发十蓬,种子终于留下来了。人们为了表示不忘狗的功绩,每年农历十月下旬,当玉米熟、稻谷黄的时候,背着背篓到田里拔来金黄饱满的谷穗过"新米节"。按傈僳族的习惯,在"新米节"当天,把米煮好后,让狗品尝后,人们才开始享受。人们认为,这样来年才能人畜兴旺、五谷丰登。

宁蒗县的傈僳族一般选定在每年农历七月十五日这一天举行"新米节"。届时，要杀一只约 30 斤重的小猪，提前酿好高粱酒，用当年新产的粮食做成百样饭（每个粮食为一个品种）。在门外檐坎上设祭坛后，供上百样饭和新米酒、小猪肉，并烧香，点油灯。由各家男主人主持祭祀祖先，将一年的新粮食先祭献给祖先，将祭品撤回屋内后，再祭锅庄菩萨。祭毕，全家人围坐在火塘边，吃新做的饭食，喝新酿的高粱米酒，畅谈一年的丰收景象。过完节后，才能将大春粮食全部归仓。

第六章　语言文字

语　言

傈僳族是一个有自己独立、完整而丰富的语言的民族，也是一个有本民族文字的民族。傈僳语属汉藏语系藏缅语族彝语支，其语言与彝族、纳西族、拉祜族、哈尼族等彝语支民族语言相近。

傈僳族以本民族语言为主要交流工具，但许多地区的傈僳族兼通邻近民族的语言。如怒江地区与怒族、白族杂居的傈僳族人会说怒语、白语，德宏地区的一部分傈僳族人会说傣语、景颇语，丽江地区的傈僳族人会说纳西语，楚雄地区的傈僳族人会说彝语，昆明、大理地区的傈僳族人兼通汉语，杂居地区的部分怒族、白族、纳西族、彝族人，也会说傈僳语。

傈僳语可以分为怒江、禄劝两个方言，但语音差别不大，词汇、语法结构基本一致，只是由于各地借词来源不同，读音有所差异（大多数都有语音对应规律）。

傈僳语具有鲜明特点，其特点是：其一，以单元音为主，除作介音时与其他元音相近外，各元音都不能相连；其二，有区别词义的声调6个，其中有两个紧调和松调；其三，辅音清浊相当，除汉语借词外，辅音不出现元音节的末尾；其四，词语以复音词为主，单音多半是词根或根词；其五，各类词后句中的位置比较固定，通常是主语在动词前,动词在宾语后(即主语—宾语—动词),如"我干活儿"说成"我活儿干"；其六，形容词通常在名词后，如"好人"说成"人好"。

文　字

傈僳族有自己独立的民族文字。

历史上，傈僳族文字有三种，即音节文字、

大写拉丁字母拼音文字和以拉丁字母为基础的拼音文字。

音节文字是在20世纪20年代初期，今云南省维西傈僳族自治县傈僳族农民汪忍波（1900—1965年）创造的。这种文字，相同的音用相同的形体表示，没有字母，一个形体代表一个音节，因此，称为表音的音节文字。创造文字时，多刻于竹片上，故有人称为"竹书"。

据中国社会科学院民族研究所木玉璋研究员等考证，这种音节文字共有1030个字，可书写当地的傈僳语。

这种表音的音节文字，书写方式从左向右直行书写，不用标点符号，不分段提行；笔顺规则一般是先上后下、从左到右、由里及外。其基本笔画有点、横、竖、撇、捺、折、钩、曲线、弧线、圆圈等10种。

大写拉丁字母拼音文字，是由缅甸克伦族讲道者塞耶巴多将罗马字改变了形状而创造的。创造时间在20世纪20年代初期（1908—1914年）。

第六章 语言文字

后来传教士富雷塞进一步完善了这种文字。这种文字共有 40 个字母（包含 10 个元音、30 个辅音），还有 6 个声调。

拉丁字母拼音文字是 1954 年拟定，1955 年经中央民族事务委员会批准试行，在 1956 年修订完善后，于 1957 年在云南少数民族语文科学讨论会上讨论确定的。

拉丁字母拼音文字以 26 个拉丁字母为基础。以双字母表示傈僳语中特有的浊音、浊塞音，其声调用音节末尾加字母的方法表示，鼻化音在韵母后加 [n] 表示。

习惯上，大写拉丁字母拼音文字称为老傈僳文，拉丁字母拼音文字称为新傈僳文。现今，两种文字在怒江傈僳族自治州和维西傈僳族自治县傈僳族人民中通用；德宏傣族景颇族自治州和保山市的傈僳族人民通用老傈僳文，即大写拉丁字母拼音文字。

老傈僳文的声母、韵母、复韵母和声调符号结构是：

声　母：b p P d t T g K

　　　　j c C z f F m n

　　　　l s r R Àü h G

　　　　L w x y

韵　母：a Ā e Ē i o u

　　　　U L D B

复韵母：ai ao yo yĒ io ui

　　　　Dn yu Do eo uD

声词符号：., H Y : ;

这种文字的特点是：能自成音节，拼写比较简单，字母和字体为拉丁字母大楷颠倒体，声调以标点符号代替。

新傈僳文的声母、韵母、鼻韵母和声调的字母结构是：

声　母：b p b b m w f v

　　　　d t d d n l

　　　　g k g g ng h

　　　　j q j j x y

　　　　Z C Z Z S S S

zh ch rr sh r

韵　母：i ei ai a o u e

　　　　ia io ua ui uai

鼻韵母：in ein ain an on un en

声　调：l q（ ）x r t

这种文字的特点是：按通行的拉丁字母规范原则拼写；同拉丁字母字体一样，有大楷、小楷、大草、小草等四种字体；声调以字母代替；同汉语拼音方案接近，有助于学习汉语。

第七章　文学艺术

民间文学

民间文学,是相对作家文学而言的,它是人民大众以口语艺术创作,并在人民群众中广泛流传的口头文学。

世界各民族的文学,大都是由民间文学(又称"口头文学")和作家文学(又称"书面文学")两种文学类型构成。这两种不同的文学类型,既有它们共性特征,又有各自独特的特征。因此,二者已成为各对独立的两种文学。

民间文学,是傈僳族文学的主体。它包括散文体的神话、民间传说、民间故事和韵文体的歌谣、古典史诗、民间长诗以及民间曲艺、民间戏剧、说唱文学、谚语、谜语等体裁的民间作品。它是更直接地、真实地反映人民大众的生产、生活、风俗、思想、意志、理想、愿望和美学观的文学。

一、古典史诗

古典史诗，是我国少数民族民间诗歌的一大门类。它产生于人类社会发展的特定的历史时期，即人类的童年期。它是民间文学中叙事长诗的一种，但规模要比一般叙事长诗宏大得多。傈僳族是我国西南少数民族中拥有古典史诗的民族，这曾引起学术界的广泛关注。

我国学术界一般把古典史诗分为创世史诗、英雄史诗和迁徙史诗。傈僳族古典史诗分为创世史诗和英雄史诗。

创世史诗，又称神话史诗、原始性史诗，是一种结构庞大、气势磅礴、富有综合性特征的民间长篇叙事诗。它产生于人类生产水平和认识水平十分低下的原始社会末期，是一种特定的历史范畴的文学现象。它以幻想的形式、丰富奇特的想象，叙述了原始人类对宇宙开辟、人类起源、自然万物生成、民族形成、民族迁徙等的认识和解释，充满了瑰丽的想象。一部大型创世史诗，往往跨越时间和空间，在长期传承过程中，融进大量的英雄神话、英雄传说、民间故事、民间歌谣和民间谚语等，是一个民族历史、政治、经济、文化和生产生活知识以及宗教信仰、习俗风尚等的一种特殊的总汇。所以一个民族的创世史诗常被认为是这一民族的"百科全书"，也被学术界称为"史前的史诗"、民族的"形象历史"。

傈僳族创世史诗代表作是《创世纪》。《创世纪》分为生火、人类的繁衍、劳动生产、洪水涨到天、葫芦里面人种留、一把梳子劈两半、射麻团心、射针眼、滚磨盘、生儿育女、民族产生了等三十一章，以丰富的想象和浪漫主义手法，主要叙述洪水淹没大地，只有一对兄妹幸存。为了繁衍后代，幸存下来的兄妹俩通过滚磨盘、射针眼、射麻团心等方法"验证"天意之后，结为夫妻，生儿育女，世上才又有了人类，有了民族。

英雄史诗，又称英雄叙事诗。它是以民族重

大历史事件、部落英雄的征战故事以及他们的业绩和吸收一部分远古神话、传说为中心题材的长篇叙事诗。这类史诗产生的时间稍晚于创世史诗,产生于原始社会末期奴隶社会初期,学界称为"军事民主制时代"(即英雄时代),是氏族、部落、部族纷争时代烽火激荡的回声。是继神话(神话史诗)之后,在人类文化史上产生的另一种具有划时代意义的文化现象和文学体裁。这类体裁作品,一般为鸿篇巨制,结构庞大,气势恢宏,雄浑壮观;着力塑造和讴歌的主人公,大都是崇尚武功,渴望建功立业、叱咤风云的"青铜时代"的具有时代精神的"当代英雄"。这类史诗的显著特点,是充满尚武精神和壮烈色彩。作为特定历史范畴的文学——英雄史诗,也是人类早期艺术的范本,它标志着一个民族文学成熟期的到来。

傈僳族英雄史诗代表作是《古战歌》。英雄史诗《古战歌》,傈僳语称"得图木刮",意为打仗开辟田土的歌。史诗描写400多年前,滇西北一带的民族战争和傈僳族被迫大迁徙的史实。它以傈僳族古代英雄刮木必率领傈僳族人民从金沙江渡过澜沧江、翻越碧罗雪山进入怒江峡谷的历史事实为题材，生动而悲壮地描写了残酷的阶级斗争和民族压迫带给傈僳族人民的深重苦难；同时，也热情地歌颂了傈僳族人民不畏强暴、英勇不屈和敢于斗争的革命精神。史诗以高亢激越的基调、悲壮沉痛的感情、丰富生动的比喻、气势磅礴的描绘，把傈僳族古代英雄本必扒、由字扒所领导的民族战争场面以及在迁徙征途上与大自然作斗争的英勇过程描写得细致入微。

二、神话

神话，是散文体口头叙事文学的一种最古老体裁。它是用叙事语言和象征手法，借助想象和幻想，把自然力和客观世界拟人化的故事，是远古人民对自然现象和社会生活的一种天真的解释与美丽的向往，是人类早期的不自觉的艺术创作。傈僳族神话分为韵文体和散文体两种文体。韵文体神话保存在创世史诗中，散文体神话以口头形式广泛流传于民间。口头流传于民间的神话，按其题材特点,大致可分为创世神话、人类起源神话、文化起源神话、洪水人类再生神话、图腾始祖神话及自然神话等。主要作品包括《开天辟地》《天神木布帕造大地》《创世纪》《创世传说》《天、地、人的形成》《横断山脉的传说》《公鸡请太阳》《太阳和月亮》《射日射月》《日食的来历》《天狗吃月亮》《鸡窝星的传说》《洪水滔天》《洪水滔天和兄妹成家》《彩虹》《一瓜里的人》《民族的起源》《神药的故事》《粮食种子的由来》等。

《创世纪》讲述:

相传远古时候,天地相连,人们背柴会碰着天。一妇女对此不满,朝天咒骂:"天啊!你要么再高一些,要么你干脆没有!"这事激怒了上天,连降九天九夜大雨,人世间变成一片汪洋大海。雨后,天地分开了,人类也淹死了。只有名叫列喜列刹、沙喜沙刹两兄妹,躲在一个大葫芦里随洪水漂流,才幸存下来。为繁衍人类,哥哥向妹妹求婚。妹妹说:兄妹是一个母亲生的,不能结为夫妻。兄妹商量,各自去寻找配偶。后来,兄妹相遇于大地的中央。哥哥再次向妹妹求婚,妹妹提出要对天发誓,征得上天的同意才能成婚。于是,哥哥用弩箭射妹妹的骨针孔,一箭穿过。妹妹仍不同意,兄妹俩又从山坡上滚磨盘,结果两扇磨盘滚合在一起。兄妹二人便结为夫妻,生了五个孩子。生下第一个孩子时,列喜列刹丢一块白布在地上,对婴儿说:让你变成汉族;生下第二个孩子时,他把一根竹签丢到地上说:让你变成傈僳族;生下第三个孩子时,他丢一块黑布在地上说:让你变成诺苏(彝族);生下第四个孩子时,他丢一根木棍在地上说:让你变成俅扒(独龙族);生下第五个孩子时,用簸箕覆盖在地上说:让你变成怒族。后来,列喜列刹叫五个孩子把自己的语言书写下来。汉族写在白布上,所以至今还保存有汉文字;诺苏写在黑布上,成为今天的老彝文;傈僳族写在麂皮上,麂

第七章 文学艺术

皮被狗吃了,所以没有文字流传下来。

《天、地、人的形成》讲述:

相传远古时候,没有地,天晃悠悠的。天神木布帕决心捏一个大地以撑住天。于是他就用天泥捏地。不久,他就捏好了一块平地,种上花草树木,还捏了飞禽走兽。这样,地上十分热闹。正当木布帕继续捏地的时候,他从降灾难的魔王尼瓦帝那里得知自己的父母、妻子和儿子死了。木布帕一听,将没有捏完的天泥捏成砣砣,扔向造好的平地上。其中,有的打进地里,成了峡谷深涧;有的落在地面上,成了高山奇峰。因木布帕来不及捏完地,所以,至今地还缺一块边,河水就朝缺边流淌。有了地,天地就结成夫妻。后来,天神木布帕又用泥土捏了一对猕猴,从此地上有了人类。洪水滔天时,兄妹俩躲进葫芦里躲过了灾难。洪水退后,天上出了九个太阳、七个月亮。一对金鸟告诉兄妹俩，叫他们设法取到龙王的金弩银箭。兄妹俩用计得到了龙王的金弩银箭，射下了八个太阳，留下最亮的一个；射下六个月亮，留下最明亮的一个。但大地已无人烟了，金鸟又飞来劝兄妹俩成亲，叫他们用贝壳卜卦、滚磨盘、射针孔等方法来"验证"。最后兄妹俩结为夫妻，生了六男六女。孩子长大后，又结为六对夫妻，一对往北走，成了藏族人；一对往南走，成了白族人；一对往西走，成了克钦人；一对往东走，成了汉族人；一对往怒江走，成了怒族人；一对留在父母身边，就是傈僳族人。

神话是人类文化史上最光辉的一页。它作为早期人类社会的"活化石"，富有积极的浪漫主义精神，具有高度的文学价值和审美价值。

三、民间传说

民间传说，是散文体口传叙事文学的一种古

老体裁。它产生于民众的言谈话语中,是人们口头讲出来的,而不是唱出来的。所以它必须是散文体,同时又必须是叙事的。民间传说与神话在某些方面有交叉,它们之间都存在着一定的模糊带。一部分古老传说的来源可能就是神话,具有浓厚的神话色彩。

傈僳族民间传说,按题材大致可以分为三类:即人物传说、史事传说、地方风物传说。代表性作品包括《木必的传说》《恒乍绷的传说》《鲁基曼》《楚沙扒起事》《怒江的传说》《金水哥哥和澜沧弟弟》《岩石月亮》《苗干田的来历》《姐妹温泉的传说》《飞人洞》《大宝龙谭的传说》《云和雾的来历》《养蜂的来历》《祭山神的由来》《傈僳人为什么爱打猎》《阔时节》《刀杆节》《火把节》《澡塘会的来历》《跳脚的由来》《米斯的彩礼》等。

《英雄岩七》讲述:

> 相传清嘉庆年间,傈僳族出了一位少年英雄岩七。他是念里米村的老阿妈从朽木堆

里捡来的。岩七很聪明,六岁就能帮阿妈干活。在给山官放牛时,他将牛尾巴戳进泥巴里,让牛只能站着吃草,不能到处跑动。待玩够了,他又将牛尾巴一根根拔出来,吆喝着牛回家。九岁时,他得到神人送的神弩,用神箭射穿了岩石,因此得到村民们的崇拜。后来,他与恒乍绷一起起兵造反。由于被叛徒出卖,岩七被官兵抓了,他视死如归,最后被杀害,年仅十八岁。

《怒江的传说》讲述:

相传远古时,怒江和澜沧江是两姐妹,澜沧江是姐姐,怒江是妹妹。有一天,姐妹俩往南行,行至福贡地界,妹妹发现姐姐不见了,就问空中的雨雀。雨雀叫她往保山方向去追。怒江一边追一边大声喊姐姐,追到保山还是不见姐姐,只好放慢脚步,直到澜沧江赶到,两姐妹又相伴继续南行。因此,

第七章 文学艺术

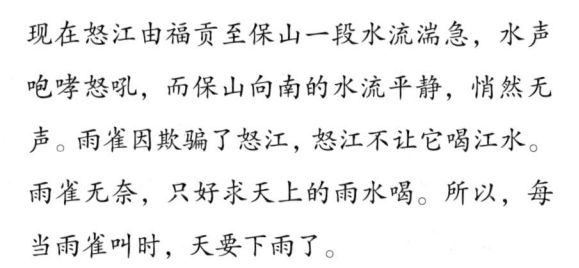

现在怒江由福贡至保山一段水流湍急,水声咆哮怒吼,而保山向南的水流平静,悄然无声。雨雀因欺骗了怒江,怒江不让它喝江水。雨雀无奈,只好求天上的雨水喝。所以,每当雨雀叫时,天要下雨了。

《祭山神的由来》讲述:

相传从前阿的和阿甲买两兄弟,统管着大地上所有的四脚动物。两兄弟天天在山上放牧,由父亲给他们送饭。但是父亲偏爱阿甲买,给他的是米饭,给阿的的是苞谷饭。阿甲买很过意不去,背着父亲把米饭给阿的吃。阿的知道此事后,决定留在山上。两兄弟开始分动物。阿甲买分到了牛、羊、猪、狗等;阿的分到了虎、豹、狼、鹿、麂子、岩羊、野牛等。还没有分完,阿的分得不耐烦了,说:"阿弟,我们不必再细分了。你分得少一点,管起来省力一些,余下的就都归我管,往后你就上山来杀我的野物吧!"他摇身变成了白胡银须的山神,赶着野物进深山了。阿甲买分到的就变成了家畜,阿的分到的就变成了野物。从此要猎取山上的野物,就要祭祀山神——阿的,求他赐给猎物。

四、民间故事

民间故事,是散文体口头叙事文学的一种重要体裁。它产生得较晚,是从神话、民间传说中脱胎而来,逐渐发展为一种独立的民间文学体裁。民间故事,通常分为幻想故事、写实故事、民间笑话、民间寓言等四个门类。

关于傈僳族民间故事,具有代表性的作品有《竹笛姑娘》《仙女降妖怪》《宝碓》《救命葫》《两颗宝珠》《闪光的弓箭》《绿斑鸠的故事》《奇怪的琵琶》《额头人》《阿波的故事》《茨帕妞姑娘》《鱼姑娘》《阿于和龙姑娘》《大姐和三姐》《寻找太阳头发的故事》《孤儿奇遇》《狗找朋友》《喜鹊和布谷鸟》《小白兔智斗大老虎》《短尾巴兔子和花脸狐狸》《荞子和麦子》《棕树和青树》等。

《鱼姑娘》讲述：

> 一个孤儿捞到一条小红鱼，将其养在水槽里。从此孤儿每天做活回来，家中都摆好了饭菜。孤儿很奇怪，后来，他发现小红鱼变成了一位姑娘，饭是姑娘做的。孤儿一步蹦上去抱住姑娘，向她求婚，姑娘同意了，他们结成夫妻，过着美满生活。孤儿的舅父是一位有钱人，他说孤儿的妻子是一个鱼精，叫孤儿赶走她，要把自己最漂亮的姑娘许配给孤儿。孤儿就把鱼姑娘赶回大江里。因孤儿和原先一样穷，舅父变卦了，不肯嫁女儿给他。孤儿很后悔，天天跑到江边啼哭。后来，一只青蛙喝干了江水，帮助孤儿与鱼姑娘团圆。可是，鱼姑娘的父亲不愿将女儿嫁给凡人，对孤儿进行了种种刁难。孤儿在鱼姑娘的指点和帮助下，一次又一次取胜，终于夫妻团圆，过着幸福美满的生活。

傈僳族史话

《大姐和三姐》讲述:

一家四人上山割茅草,一条大蛇卷在母亲的草背里,要母亲给它一个女儿,不然,就要吃她。三姐为了营救母亲,答应跟大蛇走。后来,大蛇变成英俊的小伙子,与三姐结成夫妻。一年后,三姐背着孩子,穿着华丽的衣服回到娘家。当三姐要回夫家的时候,大姐假说要到三姐家玩一趟,跟着三姐去了。走到半路上,大姐骗取了三姐的衣物首饰,然后把三姐推下涧水。她装扮成三姐,回到了蛇郎家。过了几年,三姐的小男孩到山坡后放牛,一只美丽的小鸟对他叫:"吱,孤儿!吱,孤儿!一日割三次,放牛放三回,主人的奴仆。"一连三天,小鸟都对小男孩讲同样的话。小孩把这事告诉了他的父亲。父亲跟着小孩来到放牛的山坡上,对小鸟说:"你若是我的妻子,就落到我的手掌上来吧!"小鸟真的落到他手掌上,他就把它带回家养起来。小鸟又对小孩唱道:"真妈不认得,假妈当成真妈看。"大姐听了,把小鸟摔死了。后来小鸟变成一把剪刀,落到一个老妈妈手里。剪刀又变成羽毛华丽的母鸡,再变成了美丽的姑娘,与老妈妈一同生活。最后,在老妈妈的帮助下,姑娘与她的蛇郎丈夫团圆。贪心、狠毒的大姐,在众人面前倒在竹钉上,最后被戳死了。

《寻找太阳头发的故事》讲述:

从前,一个少年在刚出生时,因亲朋祝他长大"升官发财",土官就认为他将来必定和自己争夺官位。后来,土官要他找到三根太阳头发,否则就杀死他。少年冒险向西寻找,答应沿途的人向太阳打听三件事:江边划船的百岁老人划不动了,怎么办;一个寨子没有水源,怎么办;另一个寨子的梨树不结果子,怎么办。少年终于找到太阳居住的地方，得到了太阳妈妈的帮助。少年满意地往回走，一一解答了寨子的乡亲和划船老人的难题；把金光闪闪的太阳头发交给了土官，土官又惊又喜。据说这宝贝只有亲自去找，才能长命百岁，永享荣华富贵。于是他决定亲自前往，不料来到江边，奇异地接替了划船老人，变成了一个天天在江边摆渡的船夫。

《短尾巴兔子和花脸狐狸》讲述：

狐狸约兔子去偷人家的蜂蜜。狐狸吩咐兔子放哨，它一边掏蜜一边递给兔子。养蜂人见到后，把它们逮住了。狐狸见逃不掉了，便指着兔子说："我是受它指使才来的，是它叫我掏蜜给它吃的。"主人见兔子拿着蜜，便信以为真，就把兔子抓起来，把狐狸放走了。兔子有口难辩，只好等主人的处置。主人为了让兔子吸取教训，砍掉了兔子的长尾巴。兔子心里想着有机会一定要惩治一下狡猾的狐狸。一天，狐狸又找上兔子来了，约兔子第二天去偷猪。第二天，兔子下山在路上等狐狸，等半天不见狐狸来，它就到菜地里找菜吃，不巧又被主人抓住了。主人把它放进网袋里，挂在树上。狐狸骑在猪背上，吹着笛子得意扬扬地走了过来。兔子叫狐狸上树来吹，还可以乘凉。狐狸便爬上树，解开网袋结，把兔子放出来，它自己钻进去了。这时，兔子急忙把网袋口结得严严实实的，然后跳下树，骑着猪走了。狐狸这才醒悟过来，上了兔子的当了。过了一会，农夫收工回来，走到树下，举手就打网袋里的狐狸，把它的脸打得紫一块、青一块的，从此狐狸的脸变成一张大花脸了。过了几天，狐狸遇见兔子，说道："朋友，我使你短了尾巴，可你使我花了脸，我们害了别人，也害了自己。以后，我们各自吸取教训吧！"

值得一提的是机智人物故事。主要是以机智

人物刮加桑为正面主人公贯穿起来的系列故事。故事主人公刮加桑,是一位聪明、机智、勇敢、诙谐、风趣的传奇式人物。他是傈僳族人民聪明、智慧、勤劳、勇敢的化身。有关他的系列故事,历久不衰,迄今在傈僳族人民群众中广为传颂,成为傈僳族家喻户晓、妇孺皆知、喜闻乐道的民间故事。

五、民间长诗

傈僳族有着悠久的歌唱传统,因此长诗的内容及篇目很丰富。有名的长诗有《生产调》《打猎调》《找菜调》《请工调》《盖房调》《过年调》《串亲调》《生日调》《请媒调》《送嫁调》《娶亲调》《重逢调》《逃婚调》等。

《生产调》流传于德宏傣族景颇族自治州和怒江傈僳族自治州的傈僳族聚居区。每年布谷鸟一叫,傈僳族人民就激动起来,知道生产季节已到。于是女人先找好地,然后去请男的来帮忙。在生产劳动过程中,男女双方建立了感情。种下的高粱、粟米成熟了,播下的爱情种子也开花结果了。他们把收获的粮食煮成水酒,邀请亲戚朋友来参加他们的婚礼。但是,他们的婚姻却遭到父母、家族的阻拦。经过不屈不挠的斗争,他们终于"结成对来盘庄稼,配成双来搞生产"。长诗用双关语结构手法,把傈僳族人民同自然斗争的生产过程和为争取婚姻自由的斗争过程巧妙地交织在一起。诗中所唱的找地、开荒、播种、收获,实际上是说男女之间爱情形成的过程;诗中所唱的割茅草、砍树、搭桥、铺路,实际上是说争取婚姻自由的艰难;诗中所唱的煮酒、做菜、喝泉水、吃蜂蜜,实际上是说男女已经成婚。这种语意、结构双关的叙事长诗,在其他少数民族文学作品中很少见。长诗形象而生动地反映了古代傈僳族"刀耕火种"的原始生产的社会现实。

《打猎调》流传于保山市腾冲县、怒江傈僳族自治州的傈僳族聚居区。傈僳族是善于狩猎的民族。狩猎在傈僳族社会经济生活中占有重要的地位。按照古老的习俗,一般是傈僳族猎手们约伴出猎,出面邀约的人便为此次出猎的领头。猎获后，除兽头归首先射中野兽的射手外，其余兽肉由参猎者平均分配。此外，有"见者有份"的习俗，凡过路或上山做活的人碰上猎手们分兽肉，也都可分到同等的一份兽肉。回到寨子后，猎手们又自动地分一点兽肉给未参加狩猎的人家。长诗从打猎的领头邀约伙伴出猎开始，到猎获野兽、分兽肉、煮兽肉、祭祀猎神、送熟肉敬送寨老奶至猎手们分别、相约下次再合伙出猎，都进行了生动的描绘，形象地反映了傈僳族狩猎生活习俗，传授了狩猎技巧、经验。长诗除了在出猎时唱外，猎手们在节日或到亲友家做客时也咏唱。

《逃婚调》流传于滇西北贡山、福贡、维西、云龙县的傈僳族聚居区。中华人民共和国成立之前，傈僳族青年男女结婚受到"听从父母之命"和"婚以牛聘"的包办买卖婚姻制度的阻拦。因此，"逃婚"在傈僳族社会中成了一种较普遍现象。《逃婚调》正是在这种社会背景下产生的。长诗记述一对相爱的青年男女，从小就由父母包办了婚姻，造成婚后的不幸和痛苦。一次偶然的机会，他们又相逢了。在互相倾诉心事后,二人约定向远方逃去。他俩跨过怒江,翻过高黎贡山,到密猛、腊戍,又从腊戍转回到腾冲、保山……历尽千辛万苦,最后定居大理,过上了幸福生活。养儿育女后,他们又返回故乡,与家人团聚。长诗歌颂一对青年男女的纯真爱情,表达了他们对包办婚姻制度毫不妥协的斗争精神。长诗用较大的篇幅生动细致地表现了男女主人公失恋和再次重逢时复杂的感情,语言质朴,近似口语,读来如临其境,如闻其声。

《重逢调》流传于滇西北部兰坪、永胜、维西、福贡县的傈僳族聚居区。长诗记述一对相爱的青年男女,因为男方拿不出几头牛的聘礼,不得不背井离乡,到处去做苦工,过着当牛做马的痛苦生活,可又遭遇不幸,被人卖给奴隶主,几经曲折,才逃出虎口。他熬了十年,历尽千辛万苦,回到了家乡,见到了朝思暮想的恋人,可他那心爱的姑娘早已在父母的逼迫下出嫁了。结果,"十年辛苦变成了泡沫,今日相逢听的是葬歌"。诗中的女主人公的遭遇也十分悲惨,她天天盼望阿哥的归来,可是她盼来的却是父母的逼嫁。她被卖给一个不相爱的男人,从此,她成了奴隶的奴隶。长诗通过一对青年男女的爱情悲剧,表现了追求幸福的爱情与"婚以牛聘"的包办婚姻制度对青年男女的迫害、摧残。长诗所揭示的内容极其丰富、深刻,曲折动人。长诗抒情与叙事交融,在抒情中叙事,在叙事中抒情,使抒情与叙事达到了完美的统一。

《请媒调》流传于保山市、怒江傈僳族自治州的傈僳族聚居区。长诗以男女对答的形式演唱。在演唱时,由媒人或歌手扮演订婚的男青年(即诗中的"男")和订婚的女青年(即诗中的"女"),以男女青年的口吻对唱。长歌一开头,男青年便开门见山地向女青年求婚道:"听着呀,舅妈的小妹,听清呀,阿舅的姑娘,听了你要把独儿可怜,听后你要把老儿心疼。可怜独儿,你要把我随;心疼老儿,你要把我跟。"女青年答唱表示愿意与表哥(男青年)订婚,但"河上如果没有桥,没

第七章 文学艺术

法从上边走过;世上没有人说媒,男女不能成婚配。有媒人,才能跟哥走,请媒人,才能随郎去"。于是,男青年请了寨头的媒人、寨尾的媒人,媒人却未与女青年的爹娘相见;又请公鸡、母鸡做媒人,而"公鸡报晓去啦","母鸡生蛋去啦";再请草籽雀、小草鼠做媒人,而"草籽雀啄草籽去了","小草鼠做窝去了",都没有做成媒人。就这样,一连请了红花啄木鸟、小花啄木鸟、冷饭雀、点水雀、杜鹃、阳雀、白肚雀、花松鼠、山鸽子、绿鹦鹉、凤头雀等媒人(传统唱法有"十二媒")。

诗中的媒人是求婚的"使者",多系傈僳族山寨常见的雀鸟等小动物)。最后,花脸雀、沙百灵做成了媒人,送去了定亲礼物。傈僳族社会盛行姑舅联姻。在这种婚俗习惯中,无论是姑方子女,还是舅方子女,都享有结婚的优先权。

长诗《请媒调》反映了这种传统婚俗,也形象地反映了傈僳族古老的婚俗礼仪和青年男女对婚姻的追求。

《娶亲调》流传于保山市腾冲市的傈僳族聚居

区。《娶亲调》以男女对答的形式演唱。诗中的男主人公以新郎的口吻唱述，而女主人公以新娘的口吻唱述。长诗所包含的内容比较丰富，主要表现了出嫁姑娘对姑娘时代的生活和养育自己的家乡、亲人的深切眷恋。这种眷恋是通过叙述亲人的层层"阻拦"表现出来的。长诗记述"爹高高兴兴把姑娘给了，妈喜喜欢欢地把老妹嫁了"，姑娘"头上顶着盖头布，衣襟遮着脚弯筋"，"淌着眼泪"走了。"姑娘我多么挂家，老妹我多么念家，挂念不得往后瞧，思念不得朝后望"。她望见了大爹、大妈。大爹、大妈拦住她："生是阿妈生，养是阿爹养，背是大爹背，抱是大妈抱，一天亲三次，一夜逗三回"，"背一天长不大，抱一夜长不高，不像团团的南瓜长得快，不像长长的黄瓜长得高。"于是，男方按古老礼节，向大爹、大妈行了答礼，大爹、大妈放行了；姑娘又被三叔三婶、四叔四婶、大哥大嫂、二哥二嫂、大姐二姐等拦住。男方又一一进行了答谢。但姑娘"因为想念往后瞧，因为思念朝后望，瞧见我的白头阿公，望见我的弯腰阿奶,问我孙女哪里去?问我孙女去哪里?"全诗充满这样的依依惜别之情。在离别的时刻,姑娘情真意切地反复咏唱对亲人、小伙伴乃至对家里饲养的家禽家畜的无限依恋和对少女生活的无比怀念,非常哀切动人。《娶亲调》借重重阻拦隐喻出嫁姑娘对家乡、亲人、小伙伴的深切眷恋,同时也反映了傈僳族传统婚俗礼仪,不仅具有文学欣赏价值,且具有民族学、民俗学、社会学等多学科的研究价值。

作家文学[①]

傈僳族作家文学(又称书面文学)虽然起步较晚,严格意义上,是从20世纪80年代起步的;但是兴起发展比较快,现今已发展成为具有一定规模的作家群。其中,有三人为中国作家协会会员、云南省作家协会会员,有三人是中国少数民族作家协会会员,有二人是云南省民间文艺家协会会

---

① 参见《傈僳族文学史》编写组:《傈僳族文学史》,民族出版社2017年版。

员。这支作家群队伍,大多受过高等教育,具有大学本科、专科学历。他们创作了大批具有强烈的时代气息和浓郁的生活气息的诗歌、小说、散文,引起学术界的关注。

一、诗歌创作

(一)密英文及其作品

密英文,男,1962年生,泸水县人。中国作家协会会员,云南省作家协会会员、理事,云南民间文艺家协会会员。1983年毕业于云南民族大学历史系,获历史学学士学位。大学毕业后留校,任民族语言文学系助教。1985年调回怒江州文联工作迄今。

密英文是著名诗人、作家、文艺评论家。他从1982年大学时代开始文艺创作,展示文学才华,先后在《怒江文艺》《孔雀》《云南日报》《边疆文学》《民族文学》《诗刊》等全国60多种刊物发表文学作品1800篇(首),约500万字;先后在《怒江文艺》《民族文学》《民族文学研究》等期刊发表社科论文50余篇,约30万字。其创作的文学

第七章 文学艺术

作品曾先后收录于17种文集并出版。其中,出版有诗集《十九岁的太阳》《熟了的山坡》《夜莺与玫瑰》《放歌怒江》等。《熟了的山坡》诗集,荣获"1993—1994年度滇版民族文字图书"一等奖。

密英文创作诗歌,也创作散文,出版有散文集《怒江谣》《一块玉米地》《怒江之旅》《峡谷奇观》《哈萨木——一个神奇的地方》《澡塘会恋歌》《光荣与梦想》等。

密英文是真正意义上的第一位傈僳族诗人、作家。其诗集《十九岁的太阳》,系傈僳族和怒江州第一部正式出版的作家文学作品;《怒江谣》,系傈僳族作家出版的第一部散文作品。第一部诗集、第一部散文集,在傈僳族文学史上占有重要地位。

密英文是一位多产作家,也是一位多面手作家。他在长期从事文艺编辑工作、坚持业余文学创作的同时,也非常关注文学评论工作,撰写文学评论文章。他的文学评论集《峡谷文化论》,分当代"傈僳族文学研究""怒江民族文化研究""文艺和文联工作研究"三辑,辑录了作者30年创作发表的对当代文学,尤其是傈僳族文学的评论、民族文化研究及对文联和文艺工作的探讨性文章60余篇,近30万字。文集中的《二十世纪的傈僳族作家文学》一文,是作者最具代表性的文论之一。在文中,作者充分肯定了20世纪傈僳族文学的巨大成就:一是实现了由民间口头文学向作家诗人书面文学的过渡,一批作家、诗人崭露头角,在中国文坛拥有了自己的一席之地(有了三名中国作协会员、三名中国少数民族作协会员);推出了以《十九岁的太阳》为代表的一大批诗歌、散文、小说集子。二是以犀利的目光洞察并指出了傈僳族作家文学发展进步慢,缺乏大作家、大作品的原因,并提出摆脱困境的出路等,是一篇对傈僳族文学进行全景式巡礼的文章。

密英文长期从事文艺编辑工作,其工作方面的业绩非常突出。1985年至今,共编校《怒江文艺》138期,约2000万字;参加策划、编校《傈僳族青年文学作品选》(荣获"1989—1990年滇

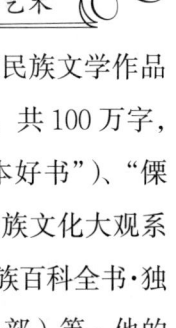

版民族文字图书"一等奖)、"怒江民族文学作品丛书"(分散文、诗歌、小说三卷,共100万字,1998年被评为"怒江州社科类十本好书")、"傈僳族青年诗人丛书"、《云南少数民族文化大观系列丛书·傈僳族文化大观》、《中国民族百科全书·独龙族》、"怒江州长篇小说丛书"(4部)等;他的名字和作品收录于《中国文学大辞典》《中国当代诗人代表作选》《中国少数民族经典文库·诗歌卷》《建国60周年少数民族文学精品选·散文卷》《云南作家传略》等辞书。

密英文因创作成绩突出,1998年9月22日,被中共怒江州委、州人民政府、州文明委授予"怒江州文学创作十佳"称号,其诗集《熟了的山坡》被评选为"怒江州社科类十本好书";2006年,被云南省文联授予"德艺双馨文艺家"称号。在云南文学界有一定的影响。

(二)李贵明及其作品

李贵明,男,1978年生,维西县人。他于2001年开始发表文学作品,先后在《民族文学》

《诗刊》《作品》《边疆文学》《边疆文学评论》《大家》等期刊上发表诗歌、散文、诗歌评论,约30万字。文学作品《上午在松赞林寺》,获得云南省作协"边疆文学奖";2006年,获得迪庆州委宣传部优秀作品奖;2011年,获得云南省作协"滇西文学奖"。2012年,其专著《我的滇西》,获得云南省文学艺术基金一等奖,并获得云南少数民族精品奖;2012年,获得第十届全国少数民族文学创作"骏马奖"。诗作《怒江》,获得《民族文学》年度诗歌奖。有作品入选《中国诗库2007卷》《诗刊》选编)、《中国少数民族文学2011年度选》。

(三)李四明及其作品

李四明,男,1962年生,泸水县人。中共党员。1985年毕业于云南民族大学民族语言文学系。曾先后在云南省社会科学院民族文学研究所、怒江傈僳族自治州工作。

李四明从1983年开始从事诗歌创作,先后在《边疆文学》《山茶》《云南民族报》《怒江文艺》《德宏团结报》发表诗歌作品一百余部。部分作品入选《傈僳族青年文学作品选》《怒江民族文学作品丛书·诗歌卷》，出版有诗集《躲不开的夏季》。

他在云南省社会科学院民族文学研究所任助理研究员期间，参与编写《中华民族风俗辞典》《中国各民族宗教与神话大词典》。与人合作的译著有傈僳族长篇风俗歌《丧葬歌》。他翻译的《卸邪祭词》《䚻咒词》《祭灶神》《接祖》等风俗歌收录于由中国 ISBN 中心出版发行的《中国歌谣集成·云南卷》。上述风俗歌引起学术界的关注。

（四）和金玉及其作品

和金玉，男，1948 年生，福贡县人。研究生学历，中共党员。他爱好文学，长期坚持业余创作，先后发表诗歌、小说、电影文学剧本。诗歌《上帕》《斯里尼玛》等作品，获得评论界的好评。电视剧本《醉了的峡谷》，由云南民族电影制片厂拍摄，云南电视台、中央电视台多次播放，受到广大观众的赞美。

（五）玫合生及其作品

玫合生，笔名山丁，男，1976 年出生于泸水县。

中国作家协会会员。现供职于云南省傈僳族研究委员会。1996年入伍,历任战士、副班长、班长。1999年,被部队授予"一级士官军衔",2001年复员。其诗作多发表于《诗刊》《民族文学》《文艺报》《芳草》《时代》《边疆文学》《云南日报》等刊物。出版有《遥远的山那边》《被雨浸湿的夏日》《乡村的背面》《战士》等诗集。为"全国人口较少民族作家研讨班"学员、鲁迅文学院第十二届中青年作家高级研讨班(少数民族作家班)学员、云南省第二届青年作家创作会议代表。

(六)丰茂军及其作品

丰茂军,笔名吉玛,男,1974年生,贡山县人。1996年毕业于云南省粮食学校,2001年毕业于云南民族大学成教院文秘专业。现供职于贡山独龙族怒族自治县文联。其诗歌作品《苍茫怒江》《暗处的花朵》《母亲》等分别发表于《民族文学》《边疆文学》《云南日报》等刊物。著有诗集《风,从独龙江垭口轻轻滚过》,富有浓郁的民族特色和地域特色。

第七章 文学艺术

（七）斯陆益及其作品

斯陆益，笔名荞氏·路易斯，男，1962年生，泸水县人。编审。1985年毕业于云南民族大学民族语言文学系，并参加工作，一直从事民族出版工作。曾任云南民族出版社第三编辑室主任、副总编辑。他参与策划、主编《云南少数民族文化大观系列丛书·傈僳族文化大观》、《云南省少数民族古籍丛书·傈僳族》、《中国傈僳族》（大型画册）、《魅力福贡》（画册）、《资源福贡》（画册）、《感知福贡》（画册）等大型图书。他担任责任编辑的图书曾多次荣获滇版优秀图书奖，西南西北九省区优秀科技图书奖、中国民族图书奖和第十二届国家图书奖。他与人合作的译著有傈僳族著名长篇风俗歌《丧葬歌》，出版专著有《傈僳族文化论》。1994年，获得首届"全国中青年优秀编辑"称号。

斯陆益从事图书编辑之余，坚持业余诗歌创作，发表有《遥远的思念》《乡愁》《牧归》《因为有你》《一个傈僳汉子的自白》《刀杆节随想》等诗作，部分作品收入《怒江民族文学作品丛书·诗歌卷》。其中，散文诗《童心世界》，荣获第四届（1988—1991年度）全国少数民族文学创作奖·新人新作奖。

（八）乔国新及其作品

乔国新，男，1966年生，泸水县人。1984年毕业于怒江民族师范学院，分配到怒江报社，从事新闻编辑工作。1989—1991年就读于中国新闻学院新闻专业。

自1985年开始，乔国新长期从事诗歌创作和散文创作，在《云南日报》《人民日报》等报纸杂志发表诗歌、散文作品和新闻稿件。其中，其新闻稿件获省级、州级奖70余篇。纪实作品《擂响跨越时空的鼓点》与《寻找通衢大道》，引起很大反响。诗歌《大怒江之冬》《四月，少女的季节》，是乔国新具有代表性的诗作。

（九）和永祥及其作品

和永祥，男，1954年出生于福贡县。大学文化，中共党员。和永祥喜爱民间文学艺术，曾搜集整理100多首民歌、20种民间舞蹈、40多首器乐曲;翻译整理了数部民间长诗。从 1972 年开始,他学习作曲编舞,创作改编了 30 多首歌词。其中,《新房调》在州境内广为流传,《摆时》曾在 2000 年中央电视台三台春节联欢晚会和'99 昆明国际艺术节闭幕式采用。和永祥也从事诗歌、短篇小说、纪实小说创作,爱好广泛。

(十)木成香及其作品

木成香,男,出生于 1945 年,福贡县人。1965 年高中毕业并参加工作。其诗作《傈僳女人》《村口》《渡溜姑娘》《箭》《你说》《竹楼》《脚印》等,极富民族特色,受到读者和评论界的好评。木成香出版有诗集《琵琶情韵》,共收入 60 多首诗歌。

(十一)李海龙及其作品

李海龙,男,1981 年生,丽江玉龙县人。他酷爱诗歌,并创作诗歌。其作品散见于《民族文学》《边疆文学》《丽江》等刊物。其中,《春天,我的乡村》《早春,去看望我的小树林》《松果》《感恩雪山》《草原之夜》《洛玛底古歌》《重返大熊山》

《风吹草原》等作品,富有浓郁的民族、地域特征。

李海龙著有诗集《雪山下的歌谣》,收录近50首短诗。他的作品入选《中国年度优秀诗歌2011卷》《2012年中国诗歌排行榜》等。

二、小说创作

(一)熊泰河及其作品

熊泰河,笔名阿河,男,1963年出生于泸水县。中国少数民族作家协会会员。1985年毕业于云南民族大学民族语言文学系傈僳语言文学专业。毕业后留校,任民族语言文学系助教,兼任系团支部书记。自1984年开始文学创作至今,在州、省、国家级刊物上发表中、短篇小说、散文和诗歌100多篇(首),著有长篇小说《亚碧罗雪山》《血祭鬼谷》和中短篇小说《笛梦弦歌》。

《亚碧罗雪山》,是作者用母语写作的第一部长篇小说。在傈僳族小说史上,无论从内容上,还是形式上都是小说创作发展趋于成熟的一个里程碑,在傈僳族文学史上占有重要地位。

熊泰河的《猎网》《笛梦弦歌》《担打力卡山

的春天》《红线组成的筒帕》等中短篇小说,富有浓郁的民族特色,受到评论界的关注。

熊泰河是一位有才华的多面手作家、多产作家。他写小说,写散文,也写诗,著有《吾山吾水》《如歌怒江》诗集。诗歌《新纪元的灯》《改革开放之灯》《向党敬礼》《温暖》《老村长》等,充满了激情,感人肺腑。

(二)朱发德及其作品

朱发德,男,1958年生,兰坪白族普米族自治县人。云南省民间文艺家协会会员。1982年毕业于云南民族大学政治系。朱发德喜爱文艺,长期坚持业余创作,创作有长篇小说《决战大峡谷》《圣歌弥漫的山乡》《恒乍绷》等,受到评论界的关注。从某种意义上说,长篇小说创作是一个民族、一个时代文学创作成就的重要标志。因此,我们可以这样说,傈僳族长篇小说的创作与面世,标志着傈僳族文学创作的总体成就,预示着傈僳族文学正在攀登文学的高峰。

朱发德是一位爱好广泛、多才多艺的作家。

他从事长篇小说创作的同时，还写散文，发表有《一朵洁白的云》等几十篇散文，创作有电影文学剧本《褚来四》《乔兰才》《西玛与两寨情》等作品。

（三）司仙华及其作品

司仙华，女，1958年生，福贡县人。于1974年被选入怒江州民族歌舞团当舞蹈演员，开始了她的艺术生涯。其间，弹过琵琶，做过编舞工作，后又开始作曲，现为二级作曲（副高级职称）。她写过许多曲，有的荣获过奖。系云南省文联第五届委员，政协怒江州第五届委员会委员。

司仙华是一位多才多艺的女作家，长期坚持业余创作，写小说、写散文，也写其他文学作品。而主要文学成就是小说。《神秘谷口的镇魂棍》《鬼祭凶兆》《铓锣的黄昏》等小说，发表于《大西南文学》《边疆文艺》《怒江文艺》。其中，《铓锣的黄昏》，荣获第四届全国少数民族文学创作奖。这些小说，以新颖的构思、浓郁的民族特色、耐人寻味的故事情节、朴实而富有生活气息的语言，获得了成功，引起文学界的关注。

（四）普建益及其作品

普建益，男，1963年生，泸水县人。中国少数民族作家协会会员。

普建益爱好文学，自1980年参加工作以来，一直从事业余文学创作。其主要作品有小说《希望在山那边》《远山，那片青青的松树林》《超越雪峰》《月光下的小径》《遗嘱》和报告文学《生命的裂变》《情洒峡谷》等。其小说富有浓郁的生活气息和民族特点，在读者中有一定的影响。

（五）迪友堆及其作品

迪友堆，男，1964年生，福贡县人。大专文化。1980年参加工作。

迪友堆从事业余创作，先后创作发表《啊！那深山里的碓声》《幽火》等短篇小说十多篇，约20万字。迪友堆以敏锐的目光，在平凡的人们身上挖掘出不平凡的闪光点，给读者留下深刻的印象。

（六）杨俊伟及其作品

杨俊伟，男，1976年生，泸水县人。大学文化。1999年毕业于云南公安高等专科学校治安管理专业。2005年毕业于云南大学法学院成人教育学院法学本科。2013—2014年，在鲁迅文学院第二期公安作家班学习。

杨俊伟于2006年开始小说创作。其作品主要发表于《啄木鸟》《云南警察文学》《中国故事》《现代世界警察》《怒江文艺》等刊物。其小说代表作为《歌仙、舞仙》《大阅兵》《穿着皮鞋去跑步》等。《歌仙、舞仙》深受广大读者喜爱。

三、散文创作

（一）杨泽文及其作品

杨泽文，男，云龙县人。中国作家协会会员。1985年开始发表文学作品，迄今先后在《大理日报》《大理文化》《滇池》《大西南文学》《民族文学》《星星诗刊》《诗歌报》《散文》《教师报》《中国民族报》《中国教育报》《中国青年报》《中国艺术报》《文艺报》《新华日报》《光明日报》《人民日报》《文汇报》《北京日报》等近百家刊物发表了诗歌、小说、散文作品700多篇（首）。部分作品先后被《读者》《散文选刊》《中外期刊文萃》《青年文摘》

《青年博览》《作家文摘》《思维与智慧》《特关注》等刊物转载，有多篇散文随笔入选《中国少数民族文学经典文库》《中学生新课标读物·名家随笔》《文汇笔会作品精粹》《2003年中国精短美文100篇》《2007年全国报纸副刊作品精选》等。

杨泽文是一位多面手、多产的作家。出版有散文作品集《卑微者最先醒来》，分"亲情笔记""流年碎影""画框擦拭""心湖涟漪"四辑，共收录作者在全国各刊物上发表的散文作品112篇。多篇散文作品多次获省部级奖。出版有诗集《回望》，诗集分为"我的民族""彩云的故乡""乡村情感"三辑，收录60余首诗作。著名诗人张永权写了题为《唱给血缘的民族的颂歌》的序，称赞其诗作是"为人民抒情，为时代而歌的作品"。诗集《回望》在1999年荣获第六届全国少数民族文学创作"骏马奖"。

（二）余新及其作品

余新，笔名汪咱阿，男，1958年生于贡山县。大学文化。中共党员。

余新酷爱文学，长期坚持业余文学创作，先后在州、省、国家级各类刊物上发表散文、小说、论文、民间文学作品500多篇。其中，散文、论文曾获省级、国家级奖。出版有散文集《醉了的火塘》。《醉了的火塘》分"醉了的火塘""异域采风""怒江纪实"三辑。

（三）袁绍坤及其作品

袁绍坤，男，1966年生，泸水县人。大学本科文化，中共党员。

袁绍坤于1986年开始从事新闻写作，先后被《人民日报》《解放军报》、新华通讯社、中央人民广播电台、《中国体育报》《支部生活》《云南民族报》《云南经济日报》《红河报》（1997年改为《红河日报》）、《怒江报》（2020年改为《怒江日报》）、《怒江文艺》报刊、电台和电视台采用作品1662篇。三次荣立三等功，两次获嘉奖。有39篇新闻作品获奖。其中，获《战旗报》好作品一、二、三等奖八次；《云南日报》好作品一等奖一次，二等奖一次；获《红河报》《怒江报》好作品一、二、三等奖二十九次。

袁绍坤是一位勤奋的笔耕者，是一位多产的作家。他创作的散文作品甚多，结集的也不少。发表的散文作品有 500 多篇，结集的作品有《峡谷风物》《爱的梦幻》《袁绍坤小言论集》等，另与人合著的作品有《民族风物》。

（四）杨世祥及其作品

杨世祥，男，1972 年生，华坪县人。中国少数民族作家协会会员。于 1994 年开始发表文学作品，发表于《民族文学》《云南日报》《傈僳族研究》《玉龙山》《怒江文艺》《傈僳风情》《腾飞的玉龙》《丽江地区文史资料》等刊物及各种文学集。出版有散文集《木楞房之恋》。

艺 术[1]

一、原始艺术

傈僳族原始艺术多彩多姿,且具有浓郁的民族特点。

傈僳族原始艺术,按其所反映的内容和表现的形式,大致可分为反映生产劳动的舞蹈,表现生活、自娱性的舞蹈,表现习俗的舞蹈及模拟动物动作、习性的舞蹈等四类。

反映生产劳动的舞蹈。这类舞蹈比较多,主要有《生产舞》《狩猎舞》《开火山地舞》《秋收舞》《割小米舞》《嘎切舞》《洗衣舞》等。

《生产舞》流行于云南省怒江州傈僳族聚居区。其舞蹈是在被称为"箭敏戛吾"的"赶猴舞"和"猴子豁拳"的基础上辅之以相关的生产动作,表

---

[1] 本节参见郭恩九、凡人等主编:《云南文化艺术词典》,云南人民出版社 1997 年版。高登智主编:《云南省志·文化艺术志》,云南人民出版社 2002 年版。云南省文化厅编著:《云南省非物质文化遗产保护名录》(第一卷),云南人民出版社 2007 年版。

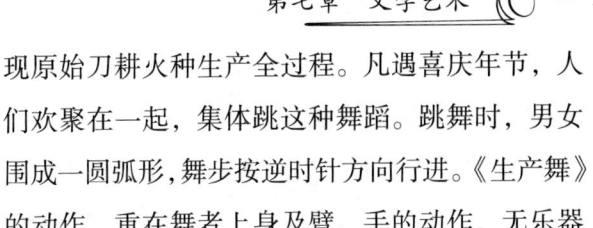

现原始刀耕火种生产全过程。凡遇喜庆年节，人们欢聚在一起，集体跳这种舞蹈。跳舞时，男女围成一圆弧形，舞步按逆时针方向行进。《生产舞》的动作，重在舞者上身及臂、手的动作，无乐器伴奏，亦只舞不歌，而辅之以击掌、吆喝声和唏嘘声，热烈非凡。一旦起舞，参舞者兴高采烈，热情奔放，往往通宵狂舞。

《狩猎舞》亦称《猎人舞》，主要流行于云南省怒江州傈僳族聚居区。傈僳族是一个擅长狩猎的民族，狩猎是他们重要的生产活动之一，也是补充生活资料来源的重要手段之一。在傈僳族的自然历法中，就有专门的狩猎月（即农历十二月），可见狩猎在他们生产生活中占据重要的地位。《狩猎舞》集中表现了傈僳族狩猎生产活动。它以朴实地模拟狩猎动作，简单而形象地表现狩猎生产活动的全过程，中间穿插模拟各种动物习性的舞蹈动作。舞蹈动作粗犷有力，舞姿生动形象，充分表现出狩猎者欢乐喜悦的情绪。

表现生活、自娱性的舞蹈。此类舞蹈有《打

歌舞》《跳脚舞》《洗衣舞》《织麻舞》《砸核桃舞》《脚跟舞》《姑娘舞》《猎人舞》等。

《打歌舞》亦称《锅庄舞》，在傈僳语中称为"嘎切舞"。主要流行于丽江、迪庆、大理等地的傈僳族聚居区。这是一种再现日常生活、自娱性的舞蹈。凡遇喜庆年节、庄稼丰收、农事闲暇时，人们都欢聚在一起跳《打歌舞》，尽情娱乐。男女老少均可参加，人数也不限，少则六七人，多则上百人。跳舞时，多围着篝火排列成一圆弧形，参加者男女相间，或一段为男子，一段为女子，循逆时针方向（亦有顺时针方向），以悠扬的葫芦笙声和一定的步伐为节起舞。舞者相互手拉手，前后摆动，或一手搭肩一手摆动。开始跳舞时，舞步平缓稳健，随着葫芦笙浑厚激昂多变的旋律，逐步加快节奏。进入高潮时，舞步咚咚作响，群情激昂，且歌且舞。歌唱一般先由男子中一人领唱，其余女子随声唱和。接着便依次对唱酬答。对唱时，弓腰细步，缓缓环绕场周。有时亦有男女合唱，男子中一人领唱，其余男女随声唱和。这时，舞

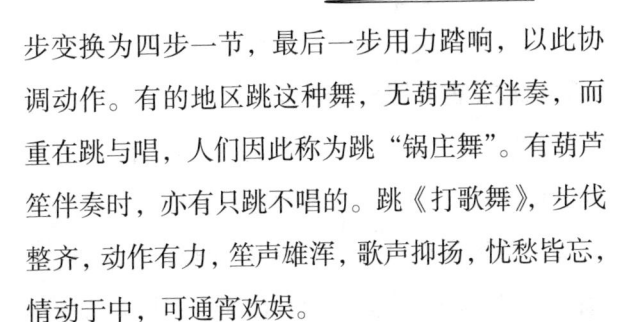

步变换为四步一节,最后一步用力踏响,以此协调动作。有的地区跳这种舞,无葫芦笙伴奏,而重在跳与唱,人们因此称为跳"锅庄舞"。有葫芦笙伴奏时,亦有只跳不唱的。跳《打歌舞》,步伐整齐,动作有力,笙声雄浑,歌声抑扬,忧愁皆忘,情动于中,可通宵欢娱。

《跳脚舞》亦称《弦子舞》,傈僳语称"切吾切"。主要流行于云南省怒江、丽江、迪庆、保山、德宏等地的傈僳族聚居区,是广泛流行的一种配乐民间舞蹈。伴奏乐器有琵琶、二胡、笛子、口弦等。舞者可多可少,步伐动作有一步舞、跺三步踏一脚,或走三步踢一脚,随表现内容的不同,表演各种姿态和手势,并有靠步、撇步、跳步、跺步等组合变化,故民间传说有72套舞蹈。今常见者有数十套,且各地流行的略有差异。参舞者只舞不歌,但舞起来气氛热烈,情绪激昂,欢乐奔放,具有浓郁的民族特点。同时,这些歌舞,在保留传统形式的同时,着意融入现代意识和新的舞蹈语汇,使作品在原始、朴素的原色中闪现出新的光彩。

反映风俗的舞蹈。这类舞蹈具有代表性的有《婚礼舞》《丧仪舞》《祭祀舞》等。

《婚礼舞》流行于云南省怒江、保山、德宏等地的傈僳族聚居区。这种舞蹈系群体舞,在举行订婚、结婚的喜日仪式时跳这种舞蹈。跳这种舞蹈时,男女舞者分开,面对面地排列成两排,以一定的步伐和有力的跺脚、踏步为拍,有时并列前进,或交叉行进,有时一进一退,互相呼应。其舞步重在脚下功夫,动作虽简单、重复,但一旦起舞,其情无限、其趣无穷。

《丧仪舞》流行于云南省怒江、保山和德宏等地的傈僳族聚居区,在丧礼和送葬时跳这种舞。根据傈僳族风俗,老人去世后,遗体停放在家中数日。在停放期间,前来吊丧的男性亲友伴随着祭司("尼扒"或"必扒"),手拄一节约1.33米长的木棍,有节奏地猛击地板,且歌且舞,一则告慰死者,一则为死者驱鬼。因歌舞者手拄木棍,故俗称"棍舞",也叫"跳棍舞"。出殡时,由两个青年男子手持长刀,边奔走边舞动长刀,在前面开路，俗称"跳刀舞"。跳《丧仪舞》，无乐器伴奏，舞者威严肃穆，舞步粗犷有力，气势浑厚。

《祭祀舞》流行于云南省怒江傈僳族聚居区。多在祭祀氏族首领和猎神时跳这种舞蹈。舞者为成年男性或猎手，女性和未成年男子不参加。跳这种舞蹈时，舞者以长刀、弩弓为道具，边歌边舞，或原地跺脚，呼唤呐喊，或跨步旋转，动作刚劲，重拍突出，气势雄浑，威严肃穆。

模拟动物动作、习性的舞蹈。模拟动物动作、习性的这类舞蹈相当丰富，可谓多姿多彩。普遍流行的有《鸟王舞》《鸽子喝水舞》《鸡吃食舞》《猴子掰苞谷舞》《猴子抓虱舞》《穿山甲过岩舞》《猴子豁拳舞》等。这类舞蹈，主要通过舞者的舞蹈动作和表情来表现动物的动作、习性和特征。舞姿生动形象，富于变化，朴素而柔美。这类舞蹈的最突出特点是，舞者只舞不唱，也无乐器伴奏，故称为"哑舞"。

二、说唱艺术

傈僳族有着深厚的文化传统，其民间口头文

学丰富而极富特色。在傈僳族聚居区,传承着许多古老的创世歌谣,以及反映狩猎、采集生活的歌谣和各种仪式歌、风俗歌、情歌、儿歌。由于原始宗教活动频繁,各类祭祀、驱邪、送鬼、解咒、占卜等仪式歌流传范围很广,且与人们的日常生活关系密切。如《抽签调》《猎神调》《驱邪词》《卸邪祭词》《解咒词》等,都直接反映了傈僳族人的原始宗教观念。

傈僳族的民歌广泛流传于怒江、丽江、保山、大理、楚雄、临沧、昆明等州市傈僳族聚居地区,如按曲调和形式特征分类,大致有以下几种主要类型:第一种为传统大调,在傈僳族语中称为"木剖布",意为吟唱古调。这类大调用木刮调演唱,并以对唱和领唱、合唱的形式进行,非常讲求押韵和对仗。一般以七言四句为基础,领唱与合唱,亦即上句与下句在词性、词义、句式、节奏等方面都对仗工整、节奏明朗,便于记忆和流传。有名的大调有《生产调》《打猎调》《找菜调》《请工调》《盖房调》《过年调》《串亲调》《生日调》《请媒调》《送嫁调》《娶亲调》《重逢调》《逃婚词》等。第二种为情歌调,在傈僳语中称为"优叶叶",这是男女青年在一起进行情歌对唱的调子。这类调子感情细腻,比喻形象,隐喻贴切,动人心弦。还有以琵琶或口弦伴奏的"口弦调"和"琵琶调"也属此类。第三种为赛歌调,这是年节或集会上男女青年相邀对歌常用的调子,在傈僳语中称为"拜时拜",又称"刮本熟",也称为"摆时摆",曲调欢快奔放,即兴填词对唱。第四种为祭歌调,是在各种祭仪上祭祀神鬼或祖先时唱的调子,曲调庄严,节奏缓慢,适于演唱各种仪式歌。第五种为葬歌调,是丧葬祭祀仪式上演唱的调子,有《哭歌》《丧葬歌》《送灵歌》《挽歌》等,曲调悲苦,委婉动人。

其中,"木刮布""优叶叶""拜时拜"三大歌调(也称三大歌种),各自包含很多曲调,内容也很广泛,歌调多带一定的叙事性,以领唱、对唱形式为主,对唱时常出现双声部。而一般演唱时多运用喉部的颤抖而发音,男声、女声常在同度音高上歌唱。

唱《琵琶歌》时,用本民族的民间乐器"其奔"伴奏,"其奔"形似琵琶,因此称为《琵琶歌》。《琵琶歌》短小生动,品种较多,中青年男女都喜欢唱。词曲相对固定,一奏出乐曲引子,就知道该唱什么歌词。可自弹自唱,也可由多人齐奏齐唱。内容以反映日常生活习俗、知识居多,如"挖茯苓""过溜索""小松鼠啃核桃""哥哥姐姐""雪鸡翻山"等。

《叶调》流行于泸水县傈僳族聚居区,又称《优叶》,为男女之间谈情爱专唱的曲调。歌唱有严格禁忌,只能小声躲着对唱,不能在外人或长辈面前唱,其旋律优美、委婉。

《阿塔诗》流行于腾冲等地的傈僳族(花傈僳)聚居区。常在喝酒划拳时歌唱,故译为"酒歌"。一般不受时间、地点的限制。词曲结合多为一字一音,简洁明快,语言声调较多使用装饰音。

《其奔木刮》用"其奔"伴奏歌唱,边唱边跳。因其使用的伴奏乐器类似汉族的小三弦,因此也称为"三弦调"。怒江傈僳族自治州的《其奔木刮》

主要流传于泸水县。

《其奔木刮》的内容十分丰富，大都为傈僳人生活、生产劳动、狩猎、爱情、婚嫁、民风民俗以及描写动物的题材。歌词生动诙谐，曲调轻快活泼，极富舞蹈律动。"木刮"是一种古老的叙事歌，亦被称为史诗。一般由老年人或中年人演唱，主要内容是天、地、人、事物和景色。许多傈僳族口传长诗都通过"木刮"形式来进行演唱。吟唱不受时间地点约束；唱词有诗的韵律，曲调与词的格式、韵律、语言声调能密切结合，旋律性较强，易于理解和传唱。"木刮"唱词内容有深刻内涵，一般只有阅历丰富、善于表达者才能做到。

"木刮"有两种演唱方法，开头都有一段固定的唱词作为引子，称为"木刮基"（即歌源），唱完引子接着唱其他内容，或唱史诗，或即兴创词演唱。"木刮"曲调和歌源曲调基本一致，仅只在演唱时根据不同内容、感情及语言声调，在演唱速度上或某几个音上进行一些适当的语气调整，使词曲与所要表达的情感密切结合。

伴奏乐器"其奔"为当地人自制的乐器,也被称为"傈僳琵琶"。"其奔"用整块黄桑木或樱桃木制作,下端挖空,蒙上黄木板作为共鸣箱,张4根金属弦。因其不同的定弦,又分为三弦弹奏和四弦弹奏。怒江的"其奔"形制与其他地区的傈僳族略为不同。《其奔木刮》的曲目较多,大都短小精悍,在田边地角、山村野外,均可随意弹唱唱《其奔木刮》是傈僳族人民生活中重要的文化娱乐项目之一。

《其奔木刮》主要以节日期间或集会场合的集体活动、集体对歌等方式进行传承。

《尼丹木刮》也称《木刮》《耶刮》《木刮呱》,在傈僳族语中音译为"唱调子""唱曲""坐唱"。流行于怒江、德宏和保山等地的傈僳族聚居区。

《尼丹木刮》演唱的方式是唱、念结合。其中,有二人对唱,其余人帮腔;一人领唱,众人相合。一般由艺人"戛头"(也称"木刮扒",其中男称"阿地扒",女称"阿密玛")领唱。演唱时,一般不使用乐器,有时视地理环境的需要,分别用琵琶、口弦、笛子伴奏。

《尼丹木刮》说唱源于古代原始宗教的祭礼歌,是随着傈僳族的民俗活动而产生的。迄今流行较广的曲本《过年调》,一般在本民族传统节日过年节中,由专门的说唱艺人"戛头"演唱。也有的由主持祭祀活动的巫师"尼扒"或"必扒"说唱。怒江州六库附近一年一度举行的"汤泉赛歌会",已有100多年的历史;德宏州流行的"拉歌节"也有较长的历史。傈僳族说唱具有一定的群众性。傈僳族逢喜庆节日、盖房建屋,民间艺人都会说唱《尼丹木刮》。

《尼丹木刮》说唱的主要曲调有"木刮布""摆时摆""优叶叶""木刮熟"等四大类。"木刮布"主要在婚聘、过年、集会、节庆活动中演唱,其内容主要反映傈僳族生活和习俗,曲调旋律高亢激越;且与歌词内容和演唱者的情绪紧密结合,表现出时而伤感、时而低沉、时快时慢的情调。"摆时摆"多半用来叙述爱情故事,曲调热烈奔放,欢快流畅,曲调末尾加"呀啦伊"作为点缀。"优叶叶"是既可叙述爱情故事又可唱悲欢离合的调子，艺人常将其用于傈僳族人民回忆对比、忆苦思甜的生活，曲调深沉伤感，感染力强，并常用琵琶或口弦伴奏。"木刮熟"主要是在傈僳族歌舞相间时用于说唱的调子，旋律畅快、自由、优美，韵味浓，适于抒情。许多欢乐的《尼丹木刮》说唱伴以群舞，在傈僳语中称为"跳戛"。

傈僳族说唱，说（念白）多于唱，语言有节奏、韵律；句式以七言四句为主，有时也多于或少于七言的。说唱的词性、词义、句子都注重对仗。词性对仗有太阳对月亮、兄弟对姐妹等。词句对仗，一般是上下句相对。如果两句是一曲调，则两句为一组，一句为主句，一句为衬句，十二组为一段，上下句的词类、词义和节奏都要对仗。说唱时，每组上句由领唱者唱，伴唱跟着唱下句，随后由众人即兴创作两句衬词作尾声。尾声无固定词，而音节基本固定。演唱多由几个乐句反复进行。《丹尼木刮》以其生动的语言、形象的比喻及工整的对仗、明朗的节奏等特点，形成了本民族的说唱风格。

傈僳族说唱艺人在民间有较高的地位,"戛头"是本民族中较有影响的知识分子,他们在传播和保护傈僳族文化方面起到很大作用。有些传统曲本,如《相兹木刮》《重逢调》《过年调》《逃婚调》等有名的说唱本子,只有靠这些曲本,才能记住与传承。《生产调》《打猎调》《盖房调》《牧羊调》《娶亲调》《送嫁调》等说唱本子在民间也很流行,并多半由"戛头"传唱。

三、歌舞艺术

傈僳族人民能歌善舞,在节庆日或集会时,常聚于山头、草坪或院坝围圈而舞,这种歌舞乐一体的集体舞蹈,在傈僳语中称为《其奔木刮》,意为用三弦伴奏的歌舞。这种舞蹈也有用琵琶、口弦或笛子作伴奏的。传统的《其奔木刮》内容丰富多彩,曲调、舞步和唱词都相对固定,如《乌鸦喝水》《鸡啄食舞》《鸟王舞》《械斗舞》《秋收舞》《开火山地舞》《猎人舞》《婚礼舞》《洗衣舞》《砸核桃舞》《脚跟舞》等。随着历史的发展,有的舞蹈逐渐变异，曲调和歌词内容也逐渐失传；现流传的多半只舞不歌，有的如《生产舞》《脚跟脚》，已不用伴奏，成为单纯的无伴奏舞蹈。①

《阿尺木刮》意为"山羊的歌舞"或"学山羊叫的歌调"，流传于迪庆藏族自治州维西傈僳族自治县叶枝镇的同乐、新乐一带，是当地传统的自娱性传统歌舞。历史上，维西傈僳族因交通闭塞，少与外地往来，长期处于半农半牧的生产状态。山羊是家家必养的牲畜，与维西傈僳族人的生产生活具有密切的关系。《阿尺木刮》（山羊的歌舞）是维西傈僳族生产生活和思想情感的反映。

《阿尺木刮》以集体性歌舞为主，不受场地限制，在广场、院坝、街头、牧场、草坪、田坝都可以跳。绝大多数是边唱边舞，没有乐器伴奏，自始至踏歌起舞，由领唱、帮腔和伴唱合成，参舞者分男女两队，牵手或搂腰，以大圆圈、半圆弧、直纵队、曲经形和穿插式等队形起舞。《阿尺木刮》

---

① 参见佘仁澍主编：《中国歌谣集成·云南卷》，中国ISBN中心2003年版。

共有6种曲调,以模拟山羊叫声为基调,乐曲悠扬婉转;唱时多以颤抖音出现,尤其是开头的一声,悠悠长鸣,音调曲折多变,蕴含丰富的感情,听歌的人如置身高山牧场,宛如跟山羊进行着亲切的交谈。唱曲内容十分丰富,可唱前人留下的传统内容,也可即兴自编。动作主要为脚步的跳摆,上身左右晃摆和臀部送收,前俯身、抬头、回望等。跳法有"左倮邓"(圆环舞)、"腊腊邓"(进退舞步)、"酒托闭"(跺三步)、"阿尺邓"(跳山羊)、"蹉玛邓"(对脚板)、"阿来几"(龙盘旋)、"别别玛"(舞旋风)、"切勒涡只泼"(磨盘旋转)、"矣然邓"(迎宾舞)、"玛奇坦"(寻求爱侣舞)等10余种。其中,"阿来几""切勒涡只泼""矣然邓"等动作难度较大,现在只有一些老人会跳。青年人只有在特定的时间和场合才会跳"玛奇坦"。舞者的服饰较为独特。清余庆远《维西见闻录》中记载:"男挽髻戴簪,编麦草为缨络缀于发间……裤及膝,衣齐裤,出人常佩利刃。妇挽发束箍,盘领衣,系裙裤。"现还保持"编麦草为缨络缀于发间"这一古风服饰的唯有叶枝境内的傈僳族。《阿尺木刮》热烈奔放，风格独特，具有难能可贵的生态原真性和艺术价值，深受人们喜爱，在迪庆州维西县傈僳族聚居区家喻户晓。叶枝镇的《阿尺木刮》有专门的固定演出队伍，演出服饰是由傈僳族妇女手工纺线、织布、刺绣而制成。

《阿尺目呱哇跋》流传于维西县康普、叶枝、巴迪三个傈僳族聚居地。"阿尺"意为山羊，"目呱"意为歌或调子，"哇跋"为舞蹈，故也称为"山羊之歌"。参舞者分男女两队，每队有一名领唱者。男队领唱时，男舞者随节奏顺时针方向舞动。唱最后一句时，用衬词帮腔合唱。然后停止歌唱，全队按原节奏踏脚起舞两圈，接着由女队按此程序起舞，如此循环反复。舞蹈由跳吸、对脚、对臀以及前俯、抬头、回望等动作组成套路。

队形变化有大圆圈、半圆弧、两竖排、走曲线、穿花等。队形围成圆圈时，男女领唱者并肩相连，其余舞者不分男女，掺杂拉手或搂腰，顺时针方向舞动；队形为竖排和半弧时，则男女分开，进行对舞。套路有"圆薛舞""进迈步舞""三步跺脚""跳山羊""对脚板""龙盘旋""舞旋风""磨盘转""迎宾客""寻爱侣"等。该舞具有独特的风格,歌声多以颤抖音模拟山羊的叫声为基调,舞蹈则以画龙点睛的方法,用一踢一抬或头部的俯仰动作,来表现山羊的神态。唱词内容非常丰富,可以从远古唱到今天。

《呱克克》,因语音的地区差异,也称《呱欠欠》《哇跋跋》,在傈僳语中同为"踏脚起舞"之意。属自娱性集体舞,流传于怒江傈僳族自治州及维西、剑川、永平、漾濞等地的傈僳族聚居区。《呱克克》的伴奏形式因地而异,有以"其奔"(四弦琵琶)为主旋律的;也有以竹笛为主旋律的;还有一种称为"洁资"的特殊乐器参与伴奏(类似二弦提琴,音色介于板胡和小提琴之间)。舞时,在场中燃起火堆,伴奏者在圈内跟随舞队的移动而伴奏。参舞者手牵手(或搂肩)围成圆圈(不同辈分者须岔开)逆时针方向踏步而舞。"呱克克"的动作以腿部的跺、踏、踢、悠、抬等步法为主,以"提托呱"(一步舞)为基本动作,递增变化脚步,组成新的套路。有"一步舞""两步舞""三步舞""迈步舞""起脚舞""翻身舞""跨腿舞""对脚舞"等10多种套路。由于地域和周边文化环境的差异,虽然名称形式相同,但各地跳法上又具有地方特色。舞蹈以半脚掌颤颠带动全身上下起伏为特点,既有粗犷的踏跺,也有柔韧的悠踢。青年人聚会跳舞时,多出现身体的大幅度俯仰动作,这样的动作有浑厚朴实、开朗奔放的艺术感染力。每当节日、集会、建房、婚嫁及丰收喜庆时,人们都要相聚起舞。

《跳嘎》,流传于腾冲市。无乐器伴奏,边唱边舞,男女老少亦可参加。跳舞时,舞者拉手围成圆圈,由领唱(领舞)的"嘎头"在前引导,众舞者尾随其后,沿逆时针方向舞动。唱词内容随参与活动的性质而定,喜事唱喜调,丧事唱丧调,建房唱建房调。这些调子都是传统的叙事诗。舞蹈动作较为古朴,双手随节奏自然前后摆动,步法就只有上靠步和退靠步。整个舞蹈节奏舒缓,动作沉稳,气氛庄重。

《三弦舞》,因边歌边舞,故也称为《打歌》。流传于保山、腾冲、龙陵、镇康、永德、陇川等地的傈僳族聚居区。"三弦舞"以小三弦或中三弦(小三弦长50—70厘米,中三弦长约140厘米)为主要伴奏乐器,还有竹笛、口弦等乐器同时伴奏。舞蹈动作多为腿部变化步法,以踏、跺、踢、摆伴之轻微颠颤,身体随手臂向前后自然摆动并向左右两侧小幅度送胯,整个舞蹈给人含蓄柔韧的感觉。队形有大圆、双圆和平行的横排、竖排交叉等。民间相传舞蹈有72套,每套都以一个不同的曲调配以不同组合的基本动作。大多数套路都有具体内容,如反映生产劳动的"洗麻舞""打养树来收养籽",反映日常生活的"鸡肠子煮稀饭""孤儿舞",模拟动物的"马蹋舞""鹿脚好看鸟脚美",以动作形象为其名称的"勾脚舞""牵手舞"等。虽然舞蹈形式相同,但各地的套路名称和跳法又不相同。舞蹈多在逢年过节、婚嫁喜庆、起房造屋、亲人逝世、丰收时节进行,平时闲暇亦可起舞。

一般情况下，男女老幼均可参舞，但在办丧事时，多限于儿童和青年人跳此舞。

《葫芦笙舞》，以葫芦笙吹奏者领舞而得名。有的地区兼有竹笛伴奏。流传于禄劝、维西、华坪、永胜、宁蒗、祥云、永平等地。关于《葫芦笙舞》，传说，在古代的部族战争中，傈僳族人被异族围困于大山之上。为了迷惑敌人，根据葫芦和竹管能够吹响和篾片一弹便会发声的原理，制成了葫芦笙和响篾，在山上吹响助威，但不慎将葫芦笙的一根竹管和响篾的一片竹片掉下山。敌方拾到后，发现傈僳族人的竹管竹片竟会发声，大为惊讶，认为敌方定有神力相助，无法攻破，故弃阵而去。被围困的傈僳族人转危为安。他们情不自禁地吹起芦笙，弹起响篾欢跳起舞。自此，《葫芦笙舞》便流传下来。原来六管的葫芦笙和四片的响篾，因当时丢了一管、一片，故现在的葫芦笙为五管，响篾为三片。《葫芦笙舞》的形式，多为男女相间拉手，围成圆圈（也有搂肩搭臂，挽臂扣手或叉腰的），沿逆时针方向起舞；有的地区则

第七章 文学艺术

将男女各排成两个半圆弧。无论何种形式,吹笙者都居中领舞。动作主要以"单脚跳""双脚跳""踏跺步""踢脚"等步法为主,以"一步跳"为基础,派生其他的套路。动作幅度,各地不尽相同。有的地区多有"单起双落"踏跺动作力度较强,显得粗犷奔放;有的地区踏跺动作既轻柔又富于韧性,加上膝部的屈伸和胯部的自然摆动,更觉刚柔相济,庄重含蓄。舞蹈套路传说有72套,流传至今的舞蹈仅有20多套。其中,反映生产劳动和日常生活的内容,如"甩荞棒""打荞子""赶街""吃饭"等;模拟动物的舞蹈,如"蜜蜂采花""斑鸠吃水"等;有的舞蹈则是在特定环境中跳的,如结婚时跳"新娘调""亲朋跳""两门合脚",丧葬时跳"祭死人调""交路"。每年的正月至四月是《葫芦笙舞》活动最频繁的时期,舞场有时多达百人。如遇春节或红白喜事,则舞兴更浓,常常是通宵达旦。

第八章　社会主义时期的傈僳族

中华人民共和国成立以来跨世纪发展

1949年10月1日,中华人民共和国宣告建立。傈僳族人民和全国各兄弟民族一道进入了一个光辉的历史阶段——社会主义社会。

从1949年冬至1950年,怒江傈僳族聚居区各县先后建立了人民政府。1951年,根据中国人民政治协商会议《共同纲领》关于民族区域自治政策的精神,碧江、福贡、贡山三县成立了傈僳族自治县人民政府,泸水县成立了民族民主联合政府。1954年8月成立了包括碧江、福贡、贡山、泸水四县的怒江傈僳族自治区。1957年,根据《中华人民共和国宪法》,改"怒江傈僳族自治区"为

第八章 社会主义时期的傈僳族

"怒江傈僳族自治州"。

在党的民族平等、民族团结、民族互助、各民族共同繁荣进步的民族政策光辉照耀下,傈僳族聚居区的政治、经济、文化等方面都得到了发展,人民生活逐步改善。怒江傈僳族聚居区各方面发生了根本性的变化,从处于原始社会末期到进入社会主义社会,实现跨世纪发展。这是史无前例的翻天覆地的巨大变化,傈僳族人民祖祖辈辈梦寐以求的美好幸福的新生活开始了。

前进的道路是不平坦的。傈僳族人民同全国各族人民一样,走过一段艰难曲折的道路。

中国共产党十一届三中全会标志着新时期的到来。党的十一届三中全会以后,傈僳族经济社会跨入了社会主义现代化建设时期。经过一段复苏和稳定发展时期,到2012年,怒江傈僳族自治州全州生产总值达到74.94亿元。其中,第一产业增加值完成11.44亿元,第二产业增加值完成26.16亿元,第三产业增加值完成37.34亿元。规模以上固定资产投资为63.63

亿元；全社会消费品零售总额为20.64亿元；地方公共财政预算收入为7.51亿元；城镇居民人均可支配收入为14217元；农民人均纯收入为2800元。

农村经济稳步发展。改造中低产田地7.74万亩，建设水利设施1477件，解决了5.01万人、5.25万头（只）牲畜的饮水安全问题。

工业经济企稳回升，全年完成的工业总产值为4.54亿元。旅游服务业快速发展，全年接待国内外旅游者198.79万人次，旅游业收入达11.78亿元。教育科技不断进步，医药卫生工作得到加强，生态文明建设成效明显。以七彩云南保护行动、滇西北生物多样性保护和推进"森林云南"怒江建设活动为载体，大力推进天然林保护、退耕还林、农村能源建设工作。2012年，完成天保公益林建设7万亩、荒山造林2万亩，完成国家森林抚育补贴试点项目6万亩、中低产林改造1万亩，完成公益林森林生态效益补偿28227万亩、草原生态补偿455万亩，治理陡坡地生态45万亩。启动

第八章　社会主义时期的傈僳族

怒江州区域性生物多样性保护教育基地项目，生物多样性保护工作取得重大突破，"怒江金丝猴"的发现在国内外引起广泛关注。①

党的十八大以来跨越发展

党的十八大以来，怒江傈僳族自治州委、州政府深入贯彻落实习近平总书记的系列重要讲话精神，全力以赴全面推进改革，促进经济社会跨越发展。据相关部门统计，2013年，全州生产总值为85.82亿元，比2012年增长了14.5%。其中，第一产业增加值完成13.62亿元，增长19.1%；第二产业增加值完成29.13亿元，增长12%；第三产业增加值完成43.07亿元，增长15.3%；三次产业结构为16∶34∶50。固定资产投资为82.87亿元，增长30.2%；社会消费品零售总额为23.51亿元，增长13.9%；地方公共财政收入为8.41亿元，增长12.06%；农民人均纯收入为3.251元，增长

---

① 参见《2013年怒江傈僳族自治州年鉴》，云南民族出版社2013年版。

17.2%；城镇居民人均可支配收入为15.999元，增长12.5%；粮食总产量达到20.13万吨，增长1.5%。

农村经济稳步发展。全州认真贯彻中央一号文件和省、州农业农村工作会议精神，超前谋划全年生产，克服了前期干旱严重、后期降雨较大的不利气候影响，农业农村工作扎实有效推进，全州农业农村经济继续保持了较好的发展势头。农作物播种总面积达152.42万亩，增长0.49%；全年粮食总产量达20.13万吨，增长1.5%，粮食生产首次突破20万吨大关，实现七连增。

工业经济企稳回升。全州完成工业总产值47.32亿元，比上年增长4%；完成工业增加值18.97亿元，比上年增长7%，其中规模以上工业增加值完成10.76亿元，比上年增长10.6%。

教育、科技事业全面发展。投入教育专项资金3.39亿元，校安工程、薄弱学校改造及学前教育校舍改建稳步推进。怒江开放学院挂牌成立。

各业教育协调发展,办学水平进一步提高。深入推进创新型云南行动计划,组织实施党政一把手科技工程,申报各级各类科技项目54项,申请专利25件,认定高新技术企业1家、省级农业科技示范园和科技型中小企业22家。人才工作进一步加强。

医药卫生事业加快发展。国家基本药物制度和妇幼健康计划深入实施。医疗服务监管、疾病预防工作扎实开展,大病医疗补助和医疗救助工作稳步推进,城乡居民医疗保障水平进一步提高。

全面开展绿色生态文明建设。全面开展生态修复全民大行动,大力实施天然林保护、退耕还林、农村能源建设工程,建设公益林6.75万亩,在荒山造林0.5万亩,治理陡坡地生态4.5万亩,建沼气池924口、节柴灶5150眼,安装太阳能热水器3150台。

编制完成《怒江州生物多样性保护实施方案》,戴帽叶猴、滇金丝猴和红豆杉等国家重点保护野生动植物种群不断扩大。在州内获得世界第一只怒江金丝猴活体样本,《人民日报》等重要媒体相继报道。有4个行政村荣获第一批"云南省生态文明村"称号。[①]

2014年,怒江州委、州政府认真贯彻党的十八大和十八届三中、四中全会精神,全面落实省委七届七次、八次全会和州委七届四次全会的战略部署,紧紧围绕"强基础、强产业、强生态、保民生、保稳定、保和谐"的总要求,积极应对经济下行和转型升级的双重压力,抢抓机遇,迎难而上,较好地完成了州十届人大四次会议确定的目标任务。全州生产总值达100.12亿元,同比增长16.7%;规模以上固定资产投资100.28亿元,同比增长21%;全社会消费品零售总额为26.6亿元,同比增长13.2%;地方公共财政预算收入为9.33亿元,同比增长10.9%;城镇常住居民人均可支配收入为17266元,同比增长8.3%;农村

---

① 参见《2014年怒江傈僳族自治州年鉴》,云南民族出版社2014年版。

第八章　社会主义时期的傈僳族

常住居民人均可支配收入为4297元,同比增长13.9%。

2014年,怒江州生态文明建设坚持"生态立州"发展战略,以建设生态文明为总目标,以改善生态改善民生为总任务,以"强基础、强产业、强生态、保民生、保稳定、保和谐"为总要求,全面推进"森林云南"怒江建设。[①]

2014年,其他文化、教育、科技、医药卫生等各项事业快速跨越发展,成效显著。

数据显示,2015年,怒江州生产总值为113.45亿元;2016年,全州生产总值达到126.46亿元,比2012年全州生产总值74.94亿元,增加了51.52亿元,每年平均增加12.88亿元。

党的十八大以来的五年,是砥砺奋进的五年,跨越发展的五年。五年来,怒江州抓发展,推改革,促跨越,全州呈现出经济发展、民族团结、生态良好、社会和谐、边疆稳定、人民安居乐业

---

① 参见《2015年怒江傈僳族自治州年鉴》,云南民族出版社2015年版。

的良好局面。

  展望未来，豪情满怀。傈僳族人民决心更加紧密团结在以习近平同志为核心的党中央周围，同心同德，再接再厉，以改革的思维、创新的方法，为实现第二个百年奋斗目标、实现中华民族伟大复兴的中国梦继续奋斗。

参考文献

1.《傈僳族简史》编写组.傈僳族简史［M］.昆明：云南人民出版社，1983.

2.《怒江傈僳族自治州概况》编写组.怒江傈僳族自治州概况［M］.昆明：云南民族出版社，1986.

3.怒江州民族事务委员会，怒江州地方志编纂委员会办公室编.怒江傈僳族自治州民族志［M］.昆明：云南民族出版社，1993.

4.赵鉴新，张秀鹏，盖兴之编著.峡谷风情录［M］.北京：民族出版社，1990年.

5.郭思九，凡人等主编.云南文化艺术词典［M］.昆明：云南人民出版社，1983.

6.陈红光编著.傈僳族风情[M].昆明:云南民族出版社,1996年.

7.斯陆益主编.傈僳族文化大观[M].昆明:云南民族出版社,1999年.

8.大理州民族事务委员会编.巍山彝族回族自治县民俗志[M].昆明:云南民族出版社,2012年.

9.左玉堂编著.傈僳族文学简史[M].昆明:云南民族出版社,2014年.

10.盐边县傈僳族研究会主编.傈僳人[M].北京:中央文献出版社,2011年.

11.怒江州地方志编纂委员会办公室编.2013年怒江傈僳族自治州年鉴[M].昆明:云南民族出版社,2013年.

12.怒江州地方志编纂委员会办公室编.2014年怒江傈僳族自治州年鉴[M].昆明:云南民族出版社,2014年.

13.怒江州地方志编纂委员会办公室编.2015年怒江傈僳族自治州年鉴[M].昆明:云南民族出版社,2015年.

后 记

先前,我们曾先后参与编写《傈僳族文化大观》《傈僳族文学史》,汇集了大量的傈僳族历史文化资料。因此,我们欣然承担编写《傈僳族史话》。

必须慎重说明的是,《傈僳族史话》是众多的专家、学者长久以来辛勤耕耘的成果,是集体智慧的结晶。它的编写工作是在此前学术研究成果积累的基础上进行的。在编写过程中,我们参考并援引了已经公开出版的研究成果并标明出处,记下前人辛勤劳动,并谨此表示由衷的敬意和谢忱!

在编写《傈僳族史话》的过程中,得到了怒江傈僳族自治州社科联和怒江傈僳族自治州地方志编纂委员会办公室的热情支持和帮助。在编辑出版过程中,欧燕责任编辑付出了辛勤的劳动,谨此一并表示诚挚的敬意和谢意!

万事开头难。编写《傈僳族史话》,是一项开拓性的工作,意义重大。《傈僳族史话》的编写有一定的难度,虽然编写者尽力编写,但水平有限,不可避免地存在缺点,甚至是错误,请读者批评指正。

编写者